元CA芸人
CRAZY COCOの夢へのフライト直行便

CRAZY COCO

ヨシモトブックス

足りとんけ？

心にビタミンC

ハムストリング
しばきあげるで！

プランクで
ぺったんこお腹
つくるで!
1日
2リットル
飲んで
もろて!

time
go.

If I h
I

はじめに

May I have your attention, please?

本日は、元ＣＡの女芸人、私クレイジーココの初の著書を手に取ってくださり、誠にありがとうございます。

大阪で生まれた女がブラック企業に勤めたあげくアラサーから転職活動して、キラッキラの外資系ＣＡになり、やがてコッテコテの吉本芸人となった経緯をぶっちゃけトークでお届けいたします。


人生山あり谷あり。

上昇気流も乱気流も緊急着陸もありました。

その間に私なりにつかんだ色々な攻略法から考え方、生き方まで、これまたぶっちゃけてお伝えしていきたいと思います。

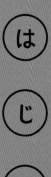

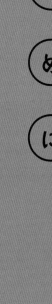

私、YouTubeやSNSをやっておりまして、そこでネタを披露しつつ、悩み相談などもやっているんですが、よくフォロワーさんから、英語の上達法、転職活動のコツ、CAになる方法、メンタルコントロールについてなどなど、様々な質問をいただきます。

この際それを全部1冊の本にまとめてはどうかということでお話をいただきまして。

やるからにはきれいごとなし、できるだけふわっとしないで、
皆様のお役に立てるよう生々しく実践的に、かつポジティブに、
私なりにしがない経験から得たことをお伝えしたいと思いますよ。
明日からすぐに役立つこともあるはず。

Are you ready?
半ケツ浮かせて読んでな！
皆様の夢を叶えるお手伝いができれば幸せです♡

Enjoy your trip!

contents

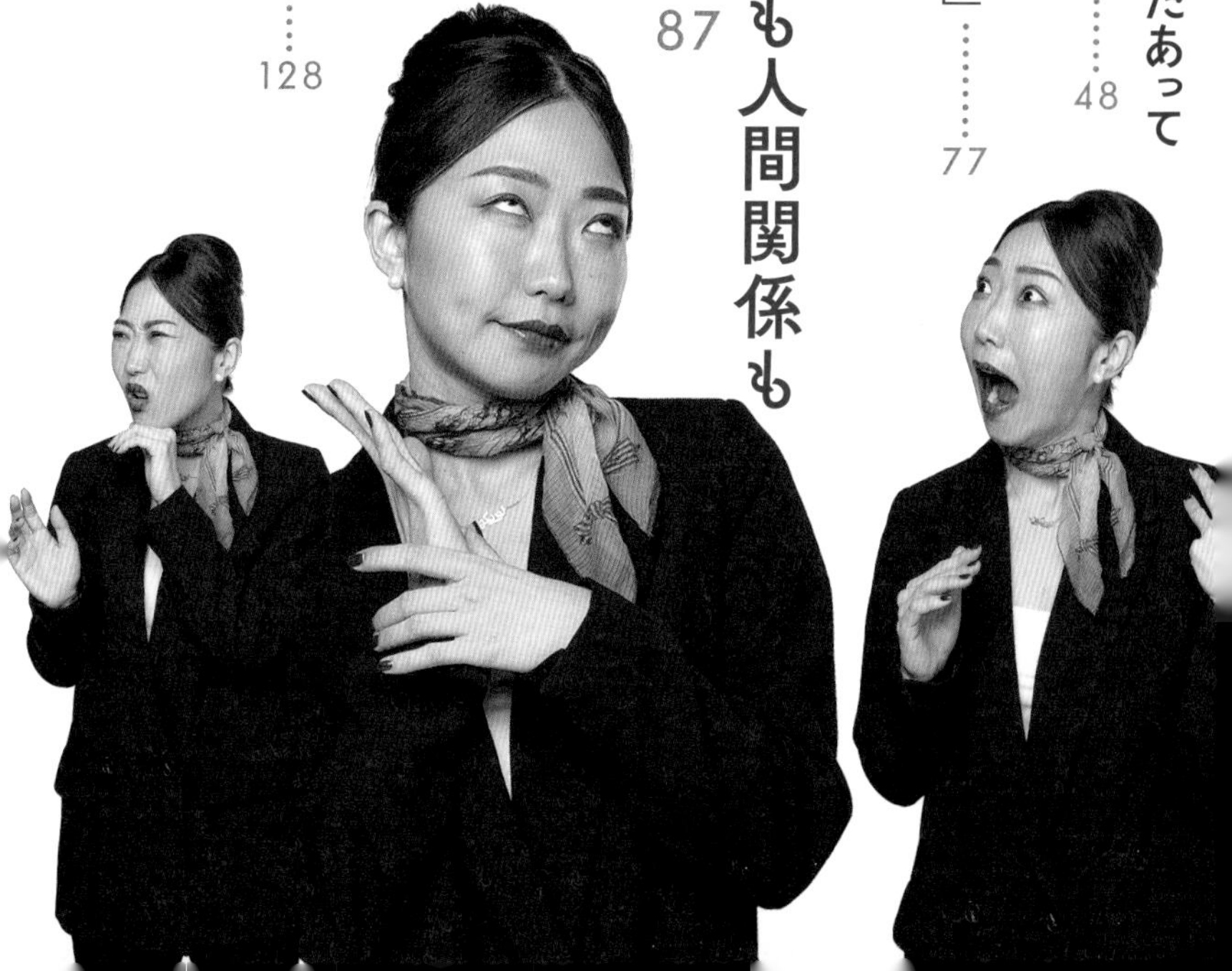

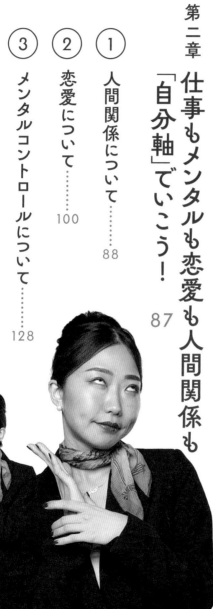

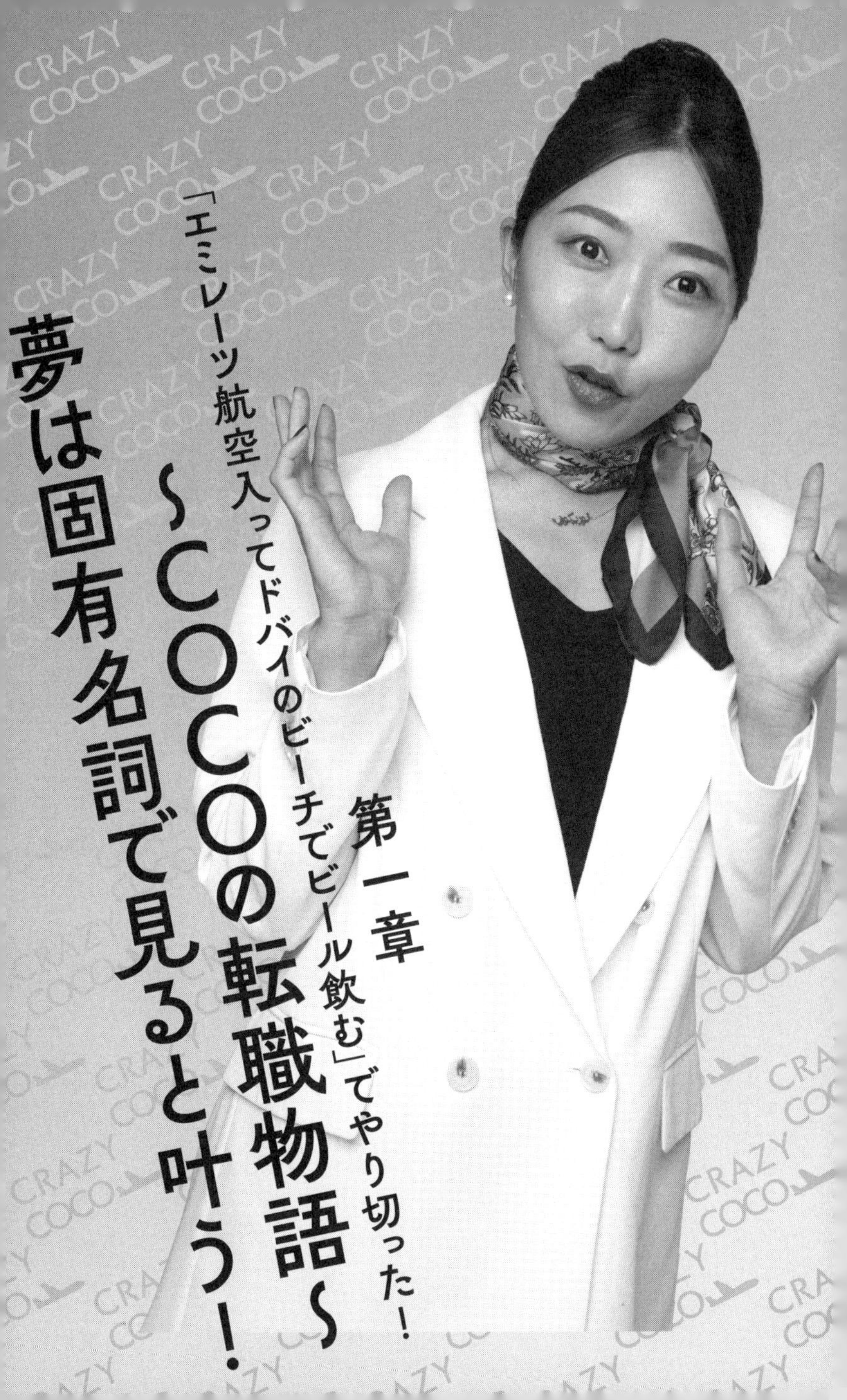

第一章

「エミレーツ航空入ってドバイのビーチでビール飲む」でやり切った！
～COCOの転職物語～

夢は固有名詞で見ると叶う！

① エミレーツ航空出身芸人のこじらせ経歴

CAとしても芸人としても遅咲き！ホンマに年齢とか関係ないからやりたいことやった方がいい！

私、クレイジーココは元CA芸人ということで今CAあるあるネタをメインにやらせてもらってますが、大学を出てすぐCAになったわけではございません。まずはここまでの私の経歴を簡単にご紹介します。

大学在学中オーストラリアに10か月留学

↓
タオル商社に入社　3年半勤務
↓
エミレーツ航空に入社　4年半勤務
↓
英語学習コンサルタント会社に入社　半年勤務
↓
総合商社に入社　半年勤務
↓
外国人の就労サポート会社に入社　約5か月勤務
↓
コロナ感染
↓
自分の本当にやりたいことをやらずに死ぬのはいやだと思い芸人に

大学卒業してからすぐCAになって、その後すぐ芸人になって、という流れではなく、紆余曲折を経てクレイジーココが生まれたということになります、はい。

ＣＡになったのも27歳、遅咲きです。芸人になったのも35歳、遅咲きです。

まずは、年齢とかホンマに関係ないからやりたいことをやった方がいいですよと、これを声を大にして言いたいです。

そしてこの紆余曲折中に私なりに掴んだ就活や転職のコツをお伝えしていきたいと思います。アテンション・プリーズ！

タオル商社は理不尽満載、でも新卒ですぐ辞めるのはただの根性なしやん　だから3年耐えた

1社目のタオル商社を選んだ理由はシンプルに2つ。1つは商社だったらどこでもよかった、英語使えるから。2つ目は最初に内定が出たのがそこだったから。あなた英語しゃべれるし、商品部で英語圏担当してもらいます、「イエーイ♪」、入りました、中国担当です。なんでやねん！　社内裏事情を知ったら私がこの先英語圏を担当できる可能性はないことがわかって。

しかも有給は取らせてもらえないし、昭和体質な社風が合わへんなーと思って。そういうのもあったから、もう3年で辞めようって決めました。

3年くらいやらないと次の転職に差しつかえると思っていたので。30になって例えば転職2、3回やってますだったら、まぁいいじゃないですか。けど新卒ですぐ辞めるのはただの根性なしやなと思って。その不信感を打ち負かすだけの経験と言葉もないから。まあまあ、ここでいろんな人間を見たらいいのかと思って。3年で必ず辞めてやろうって思いながら耐えてたって感じですね。

入社後のギャップなんてどこでもありますから。

仕事と割り切ってやるしかないっすよね。

1年目は商品部で、中国から輸入した自社製品のタオルを量販店にどれだけおろすかみたいな、そういう船積書類やって、中国の工場に発注して、ってそういうことやってて、2年目は営業に行かされたんですよ。そしたら営業の先輩とか、基本的には上の人から何も教えてもらってないままやってて。自分で学べって感じなんですよ。いやいや、教えてくれへんのかい！　みたいな。私が知らないことは別に悪いことじゃないと思うんで。きちんとしたトレーニングとか研修ないからあかんねんで？　その営業の感じも古くさっ、と思いながらやってたら、3

年目にまた商品部に戻されて。ほんとになんか捨て駒でしかないなと思って。こっちは営業行かされたときなんか夜10時まで働くとか当たり前だったし、6時から10時までの残業代は出ませんって、ほんとにブラック企業だったし。サービス残業、「絶対違法やん！（笑）」と思ってたし。

でも石の上にも三年ですよね。あそこで耐えてなかったら私もっといろんなとこすぐ辞めてたと思う。逃げ癖絶対つく。

今10代向けのラジオやってて、部活辞めたいですとか、学校行きたくないですみたいな相談くるんですけど、今の年齢の私からしたら辞めても全然大丈夫やで？ 人生長いしって思うんです。けど、あ、待てよ、この子たちに「辞めなよ！」とすぐ言うのはダメだな、なぜならまだしんどい思いを3年やってないって思っちゃうんですよね。

人生は山あり谷あり、いいこともあれば悪いこともあるし、思い通りにはいかないものだから、そこでがんばった結果大人になったときに、あ、その痛みわかったよとか、あのときの経験が今に生かされてるってなってくると思うんですよ。

だからブラック企業にいましたけど、マジで3年いてよかったなと思います。

ただ、理不尽の度が過ぎるというか、ほんとに体も心も壊しそうだったら辞めた方がいい。そこまでしてすがる必要のある、価値ある会社ですかって。

会社の理不尽は、マジで辞めるしかないと思います。全員が理不尽と思ってようが、その声を上げることによってもっとひどい理不尽なことが自分に起こる可能性あるじゃないですか。組織ってそういうもんやと思うし。自分がその理不尽に耐えられないいんだったら自分が辞めるしかないと思います。

逆に、転職したいと思いながら一歩踏み出せないとしたら、限界がまだ来てないんちゃうかな？って思います。やっぱ勇気出せないじゃないですか、転職したことないと。でももう勇気出すしかない、辞めるしかない、ってなったらイコール限界きてます。

私はもう限界を超えてました。いやすぎて駅から会社まで歩いて30分かかるんでシャトルバスが出てたんですけど、それに乗るのさえいやなんで、申請なしで自分の車で行ってましたもん。

②転職活動スタート！27歳からCAになる方法教えます

エミレーツで働く友達のカッコよさを目の当たりにして転職先はエミレーツ航空一択に

丸2年経ったくらいから、よし、転職活動始めようって思いました。

エミレーツ航空にいきたいと思ったきっかけは、オーストラリア留学時代仲良かった友達のユウコが先にエミレーツで働いてて、大阪フライトの時にごはん食べにいこうってなったんです。当時エミレーツ航空は大阪フライトのときはヒルトン大阪に泊まってたんで、ロビーで待ち合わせしてたら、ちょっと彼女の到着

が遅れちゃって、そしたらエミレーツ御一行様がバスからこう、30人くらいダダーッと降りてくるわけですよ。で、「え？　あれユウコ？」みたいな。私の中のユウコのイメージって超天然で、それがもうバリバリのできる女感出して降りてきたのがすごいカッコよくて。うわ、ドバイに採まれている、ユウコがって。それを見た後の話だからすっと入ってきたと思うんですけど、絶対私も受けたほうがいいって言われて。「全然オーストラリアのときのココちゃんじゃない、今は。元気だけど楽しくなさそう」って言われて。

彼女の「受けてみたら？　ココみたいな子、受かるよ」っていうのがなかったらエミレーツ全く興味なかった。そのタイミングでエミレーツの採用試験が2年ぶりくらいにオープンして。

縁とか運命って絶対ありますね。

それでいろんな待遇の良さを聞いたら、ブラック企業で働いてるのほんとヤダなってなってきて。

で、1回受けたんだけど落ちちゃったんで、本腰入れてCA学校に仕事の後、夜間通いました。

50万払ったCA学校は新卒のキラキラ女子とやる気のない既卒の間で疲れ果て2か月でリタイアの巻

CA学校で習うのは主に、面接対策。今までのエミレーツ航空の面接ではこういうこと聞かれました、みたいな。で、英語でどうやって答えるかとか。あとはエミレーツの新しい情報を教わったり。例えば就航都市増えました、いついつからアディス・アベバ飛びますとか。そういうのも面接でぱっと聞かれたりするんで、ちゃんと知識として持っとくようにと。

あとはメイクのやり方とかいろいろあるんですけど。

まあ別にCAの試験受けるには絶対学校行かなきゃダメなわけじゃないです。日系は行った方がいいかもしれないですけど、エミレーツとか外資系でいえば、英語ペラペラだったら最悪なにもいらないと思います。

私は確か半年コースだったと思うんですけど、合わなくて2か月くらいしか行ってなくて。っていうのは既卒組だったんですよ、私は。基本的には新卒の子がANA、JALとかに入りたくて来てるんですけど、希望と夢に目を輝かせてるわけですよ、彼女たちは。なにもすれてない。でもこっちは会社の理不尽なことやらで、この授業に行くときはもう疲れ切ってるわけじゃないですか。

でも一応やることはやっていく、予習復習もやっていく、課題もやっていく。で、授業終わったあとに「ココさん、この後自習室借りてみんなで英語面接の対策するんですけど、一緒にやりましょう、ウフ♡」みたいに言われるんですけど、ちょっとそんなテンションじゃないのよ、っていう。そのギャップがしんどくなってきちゃって。みんな手も「ハイ♡」みたいな感じで挙げるのとかも、こっちゃ質問もなにもないよ、みたいな。

一方既卒の女の子には「ちょっと、あの～課題うつさせてもらっていいですか」って言われて「はあ?」って。

やる気ありすぎる新卒と既卒なのに全然やる気ないです、みたいのの間にいちゃって、なんだよ、すげーめんどくさいみたいになって、自分が別に飛び切り英語できてたとか思ってないけど、でもそのメンバーに比べたらできてたわけですよ。だったら、これぐらいなら自分でできるかってなって、もう2か月目くらいで行かなくなっちゃいました。

50万払ったんですけど。でも50万払って受かったと思うようにしようって。

「シェイク・アハメッド・ビン・サイード・アル・マクトゥームです」CEOの名前くらい即答できないと全然ダメですよ！

で、1回目落ちてから半年後に2回目の採用試験。最初は300人くらいいたんですよ、受験者。けど私、この中で一番エミレーツのこと知ってますって自信があったんで。CEOの名前も秒で言えるし。英語ができる人はその会社のホームページを英語でも見る。外資系の企業、例えばアメリカの企業だったら、アメリカでニュースが一番早く流れるわけじゃないですか。日本だったら、まだその記事が翻訳されてないとか、そのニュースがニュースになってないとかで、日本語の記事だと6割くらいしか知れないけど、英語の記事だったら10割わかるから。こっちで知れない情報いっぱい載ってるから。そういうところも、英語ができるんだったらとことん調べる。リサーチが一番大事だと思いますね。

印象的だったのが、エミレーツの試験で、1次から7次審査くらいまであるんですけど、丸1日朝の10時から夜の7時くらいまでずっと英語のテストやって、グループディスカッションやって面接やって、その間にエミレーツのビデオ観ましょうみたいな時間があるんですよ。その場で帰された人たちもいる中で、1個1個の試験ちゃんと受かってきた子たちが観れる動画なんですけど。エミレーツで働く人のインタビュー動画で、エチオピア人のだれだれさん、エミレーツ入ってどうですか、みたいな。ほんとにまあお金かけてビデオ作ってて、これで入りたくないやつどこにいるん、ぐらい絶対働きたいって気持ちにさせた後に「はい、クイズタイムです」。50人くらいそこに座ってて。そしたらリクルーターがエミレーツのオフィシャルのUSBを見せて、正解したらこれあげます、10個あります、って。

「CEOの名前は？」挙手で早押しみたいな感じでやるんですけど、もちろん私CEOの名前一番早く答えるじゃないですか。そしたらパーン！ってUSB投げられるんですよ。超海外みたいな（笑）。イエース！って。「あざーす」みたいな感じでキャッチして。

そんで次、「じゃあA380って機材を6月には何機買いましたか、わかる人？」。あー、6月確か〇〇機買ってたな、でも2問目も私いっちゃったら、もう逆に自分出し過ぎっていうんで協調性ないと思われるのかなと思って、ちょっと様子見てたら誰も答えられなくて、「ハアもう、誰もわからないの？　次」。で、３つめ「先月新たに就航都市に加わったところはどこですか？」誰も答えられなくて、これはいっとこうと思って「先月はシアールコートです」って言ったら、「アゲイン？（またあなた？）」みたいな。またＵＳＢパーン！って。で、「あなたはもうおしまい」っていわれたんですよ。そこですごい憶えてくれて。そこで役立ってくるんですよ、そういうのが。

なに聞かれるかわかんないけど、10個聞かれる、でも私は100個答え持ってますという状態。他の人はたぶん8ぐらいじゃないですか、10の質問に対して。他の子もCEOの名前考えたらわかる、けど、私はもう「リンゴを英語で言ったら？」「アップルです」のスピードでいけてたんで。

みんなアウトプットするっていうのを最終目的としてインプットしてないんですよ。ただ覚えてて。

いや絶対聞かれるよ、これ。だからスピードだよ？っていうマインドのもとやってないから。筆記のスピード感で覚えてる。早押しクイズだよ？　基本。それが、「あ、筆記だった、よかった～」はいいじゃないですか。「筆記だろうな。いや早押しでしたか！」　じゃダメだから。基本的には早押しだと思ってやってました。

固有名詞まで目標を落とし込むってむっちゃ大事！ ぼやっとしてる目標は全然叶いづらいと思う

その行きたい航空会社、転職全般にもいえますけど、例えばWEB系の仕事に行きたいと思っててもなかなか受からない、だったらリクルートって会社に入りたいとか、固有名詞までちゃんと目標を落とし込むってむっちゃ大事だと思います。

私はCAになりたいと思って転職活動したわけじゃなくて、エミレーツ航空に入りたいと思って転職したんで、だから対策がわかるわけじゃないですか。ぼやっとしてる目標は全然叶いづらいと思います。

それに固有名詞まで掘り下げたり、調べ上げたりしないと、あ、思ってたのとちゃうがいっぱい出てくるからすぐ辞めちゃう。

だって好きな人できたら、好きな人のことむっちゃ知ろうと思うじゃないですか。でも好きな人できたけど、まあまあ好き、多分好き、ざっくり好き、で付き合ったら、あ、こういうとこもあったんだ、え、私と全然趣味合わないじゃんってなったら、やっぱ別れちゃうから。

好きだったら調べられるでしょ。入りたかったら。

「#エミレーツクルー」で検索してメイクもマネっこ もう今の時代、答えは携帯にあります

エミレーツCAのメイクも研究してマネしました。

インスタで#エミレーツクルー、#クルーライフで検索したらあります。

もう今の時代、答えは携帯にあります。

しっかり研究・練習・マネっこして本番に挑みました。

ちなみにエミレーツCA、リップは必ず赤です。薄ピンクとか婚活リップはダメですよ。ゴッツゴッツの赤、いったってください。

なんか、この子エミレーツにいそうだなって思わせたら勝ちだなって思ったん

ですよ。それ以外逆に何をやってみんな受かるんだろうと思って。よっぽど語学ができるとか、美人とか、多分そういう抜きんでた部分があるんでしょうけど。

外資系CAで歯が汚い人見たことない
清潔感は歯！ 絶対まずそこにお金かけてください！

これは入ってから学んだんですけど、歯は重要！

働き始めて色んな国のCA見て、うわ、やっぱみんな歯がキレイ、清潔感って口元なんだって。

歯並び、歯の色、自信のない人は、本当に本当に、まずそこにお金をかけてください。ブリッジ、矯正器具は全然OKだけど、なんにもしてない状態で歯並びが悪かったりするのはダメ。歯並びガタガタとか歯の色黄色いとか、パッと見て清潔感ないなって人、エミレーツで誰一人出会ったことないです。私も歯列矯正とホワイトニングやりました。

買いたいバッグがある、みんなで飲みに行きたい、旅行に行きたい……お金が必要ですけども、それを一旦後まわしにしてでも、歯は絶対に先にキレイにしといた方が間違いないです。

あと、痩せとく。モデルとかみたいにガリガリじゃなくて、自分が身長に対してBMI超えちゃってんなって人は普通のとこに戻すように。それは大事。エミレーツ入ったときもBMIが適正かどうかって見られたんで。

いうてやっぱり接客だし、清潔感、見た目のキレイさみたいなのがいいに越したことないじゃないですか。それに、やっぱり海外は特にむちゃむちゃ肥えてるとかだと、この人自分のことコントロールできない弱いマインドの人間なんだと思われちゃうから、そこはね、やっぱり自分の体を絞っていくのは必要ですよね。

「チームワーク」と「他者尊重」これぞ航空業界でのキラーワード！

英語の面接で聞かれることっていうのは、主に2つに分かれてます。

1つは学生さん向けの質問。もう1つは今すでにどこかで働いてる既卒向けの質問。この2パターンに分かれます。が、内容はザックリ言うとほぼ一緒です。

学生さんに向けては、よくある質問としては、アルバイトの経験とクラブやサークル活動でのことを英語で聞かれます。例えばバイト中に一番つらかった経験はなんですか、それをどうやって乗り越えましたかとか。クラブやサークルに関しては、あなたは大勢で活動するときに、なにを心がけてますかとか。

既卒組に関しては、今のオフィスで一番やりがいを感じたのはどんなときでしたかとか、同僚と意見が食い違ったときはどうやってそれを解決しますかとか。で、どっちにも共通して言えることなんだけど、エミレーツが大好きな回答がございます！　この単語をあなたの回答に紛れ込ませれば、ちょっとポイントアップにつながります。

それは、

「teamwork」、そして「respect each other」

「チームワーク」と「他者尊重」


これもうエミレーツ大好物やから。エミレーツに限らず、航空業界全般ですね。

これを織り交ぜていけば、単独行動じゃなくて、ちゃんとチームで団結してお仕事しようっていうマインドを持ってる子なんやなとアピールできるので、どっかに忍ばせといてください。「私は自分で考えて、1人で解決できます、タフガールやから」みたいのが、一見良さそうに聞こえるかもしれへんけどBIG NO、NO！ですよ！

みんなで協力して、サポートを仰ぎ、解決する、という姿勢が大事なんです。

決め手は、この子だったらエミレーツでサバイブできるだろうなっていうタフさ！

とはいえ、決め手は、この子だったらエミレーツでサバイブできるだろうなっていうタフさだったと思います。典型的な日本人みたいに「yes,yes」ははじかれてたし。言い返せるタフさがあるかってのも大事やと思います。言い返せるっていうとアレですけど、ちゃんと、同調圧力に負けずに、「いや、でも私こう思うけどな」って。

グループディスカッションで、10人くらいいるとして、みんなで1つの答えを導き出すとしましょう。例えば1人の子供を助けることができます。でも10匹犬死んじゃいます。もしくは1人の子供の命を犠牲にすれば10匹犬が助かります。どっち選びますか。

たいがいは1人の子供の命を10匹の犬が死ぬことで助けられるんだったらそっちだよねって、答えが決まりつつあるじゃないですか、同調圧力で。

でもそこで「え、命の重さってさ、犬も子供も一緒じゃないの」って、自分の意見言うと「オォー」って空気になる。

「Yes,I think so.」みたいな子は落とされてましたね。

私は2回目の面接でタフになりました。

1回目の面接は、他己紹介しなくちゃいけなかったんですけど、私とペアの子が他己紹介も自分のことも全部1人で言っちゃったんですよ。なんだこの人、「は?」ってなったんですけど、そこで私が、例えばなんか面白く「いや彼女、自分の分まで言っちゃいましたけど、じゃもう1回やらせてください、私に」って機転が利けばよかったんですよね。でも、なにも言えずに終わっちゃったんですよ。それで落ちちゃって。

それがあるから2回目のときは、もうイニシアティブとろうと思って。だから過去の失敗から学んだみたいな。

「働いてドバイのビーチでビール！」——ポジティブなイメージングが遊びやサボリの抑止力に

現実的な努力と同時に、ポジティブなイメージングもやってました。働いてドバイのビーチでビール飲んでるとこ想像してました。

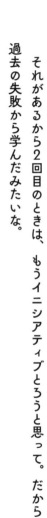

常に、受かったらどうしたいんだっけ、ああそうだそうだビーチでビール。モチベーション下がったとき、どうしたいんだっけ、ああそうだビーチでビール、みたいな。

それをすることで常にマインドのどっかにあるわけじゃないですか、目標が。だから例えば、ああCA学校の課題めんどくせーな、仕事忙しいしやる時間ねーな、いや、でも、そうだ、この目標達成するためには、この地道な積み重ねをしてかなきゃいけないんだ、やるか、みたいな。これが抑止力になっていくというか。今日鳥貴でみんな飲んでんな。私課題終わってない。よし、帰るか、って。

ワクワクウキウキが私はダイレクトなモチベーションにつながる方なんで。例えば相手を見返したいとかマイナスな要素から頑張れる人いますけど、私はそういうタイプじゃないから。いかに自分が楽しくハッピーに仕事していけるかみたいなことしか考えてないんで。それがなかったらモチベーション続かない。

ポジティブ・イメージングは、できるかできないかじゃなくて、やるかやらないか、だと思います。

ほんとに夜ってめっちゃマイナス思考になったりすること私もあるし、尊敬するアンミカさん曰く夜はセロトニンが減ってるからっていうのもあって、そんなときはもうやらない。イメージングやらない、寝ます。そんなときやってもなにもいいことないっす。

でも翌朝起きて天気がよくて、幸せホルモン浴びました、そしたらもう無理にでもイメージングする。

朝起きたら、キモイかもしれないけど、小さい頃から好きなウサギのぬいぐるみがあるんですけど、全力ハグのありがとうから始めるんですよ。今日はもう最高の日になる、みたいなこと言う。見られたもんじゃないんですけど。そこでスイッチを入れる。

日本人は失敗しないことにこだわりすぎ ってかまず、一発目で受かると思ってるその自信はなんですか

マイナス、ネガティブに考えていい結果出るはずない。

ってかまず、一発目で受かると思ってるその自信はなんですかって思います。友達とか6回目で受かった子もいるし、もちろん一発目で受かった子もいれば、私は2回目でしたけど。なんで最初からうまくいくと思ってんの？みたいな。

失敗しないことにこだわりすぎる、日本人は。

私めっちゃポジティブなんですけど、だからといって毎日ハッピーなわけじゃないんですよ。ハッピーでいつも元気でってわけじゃなくて。ただなんかそうい

う困難とかに直面したときに、まあ失敗してもいいよな、1回目だし、とか。

あとはこれがこのタイミングでくるってことは、こういう運命だったんだろうなとか自分なりにめちゃくちゃ都合いい解釈できるんですよ。だからヘコまない、引きずらない。

受験するときに、受かって楽しく働いてる姿想像するなり、私みたいにビーチでビール飲んでるの想像するなり、そういうイメージを持ちながらも、でも、落ちちゃったら、あ、ハイハイ、そうかまだ1回目だった、とか、切り替えが重要。そのマインドもっとかないとCA受験って、まわりには5か国語しゃべれる子とかザラにいるんで、もたないと思うんで。私は1か国語、あと英語ちょろっとしかしゃべれないけど、他に勝負できるとこあるし、まだそれだけよかったなとか、ホンマに自分に都合よく解釈する力ってのはめちゃくちゃ必要だと思います。

③ 英語上達には絶対シャドーイング一択！ これで私はTOEICリスニング満点とったで！

まずシャドーイングで脳内に聞いたことある音をいっぱい詰め込むことで発音も、時差のない意味理解もできるようになる！

Excuse me? ここで、SNSとかYouTubeで質問が多い、英語のマスター法についてお話しますよ。

結論から言うと、もうね、絶対「シャドーイング」です！ これをナシにして英語は上達しません。英語だけじゃなくて、タイ語でも中国語でもフランス語でも応用できるんで。

シャドーイングは、耳から聞こえてきた英語の音を何も見ずに口でマネするっていう、それだけ。スクリプトとか見ずに。

それが一番重要っていうのは、基本的には人は聞いたことない音とか耳なじみのない音って発音できないからなんですよ。

例えばアップルって聞いてリンゴってすぐ出てくるじゃないですか。それはもう昔から知ってるからなんですけど。音声の知覚を自動化するっていう、専門用語になっちゃうんですけど、音声知覚を自動化すると、アップル＝リンゴっていうのがすぐ、意味理解につながるんですよね。これがアップルって聞いたことなかったら、なんだろうこの音っていう方に意識が持ってかれて、意味を理解するキャパがもう残ってないんですよ。「なんてなんて？」って、もう次の文章耳から入ってこなくなる。

音声知覚を自動化する、つまり脳内に聞いたことある音をいっぱい詰め込むことによって、聞いたことあります、ハイ、で意味理解の方に時間が使えるから。

最初意味わかんなくてもいいんですよ。何回か聞いていって、初めてそこで英語のスクリプトを見るじゃないですか。あ、こういうこと言ってたんだ、みたいな。ある程度単語の音を1個1個わかるようになったタイミングで、でもまだ意味は調べないんですよ。ずっと聞いて聞いて、自分で30秒くらいのセンテンスを完璧に言えるようになった時に初めて、自分で翻訳するんです。で、こういう意味だったんだ、と。で、また聞きながら口に出しながら、自分で翻訳した意味を頭の中で考えながら口に出すと、そのスピード感で意味理解がついてくるようになるんですよ。音声知覚を自動化するために一番適してるのがシャドーイングって言われてるんです。

週に1回英会話行ってね、なんかやった気になってるの、ほぼ意味ないですよ。こんなん言うたら怒られるけど。週に1回やるんやったら毎日15分でもいいからシャドーイングやってみて。ホンマに1か月やってみてください。もうね、おののくよ。あれ、こんなに聞けるようになってんの、みたいな。

単語は目、耳、口、五感をフルに使っておぼえて英会話教室行くのは最後の最後でいいっす

あと単語覚えるには五感使う、ですかね。

机に向かって単語ガリガリ書くだけじゃやっぱダメなんすよね。発音記号読めなくてもいいから、単語をYAHOO!とかで検索して、そしたら発音聞けるわけじゃないですか。そこで耳でも覚えなきゃいけないし、口に出してみて発音できるっていうのも大事だし。

全然覚えられないな、例えばコレスポンデンスってなんだよ、っていう場合、私の場合ですけど、単語を覚えやすくする単語帳みたいな、どっかが出してたのがあって、スッポンがファックスをどっかに送ってるイラストが載ってるんですよ。これ、スッポンです、って覚え方でコレスポンデンスって覚えたんです。コレスポンデンスって伝達とかって意味なんですよ。スッポンがなにかを伝達してるっていう。これ、目で、イラストで、もう覚えちゃってるんですよ。視覚としても覚えてる。

あと、例えばコーヒー飲みながらコレスポンデンス覚えてるってなったら、どっかでコレスポンデンス覚えたときの情景が思い浮かぶようになるんですよ。あのカフェでコーヒー飲みながらコレスポンデンス覚えたなとか。書くだけだったら、いつどこで覚えたかって出てこないけど。

コーヒー飲みながらコレスポンデンスやったなみたいに、やっぱ情報が多ければば多いほど引き出しやすくなるから、ホンマに五感使ってほしいですね。

あとはほんとにもうとりあえずしゃべっていくことだと思います。ミスを怖がってたら全然ダメだし、結構日本人って完璧主義だから、単語間違ってたらどうしようとか発音間違ってたらどうしようとか、そういうのでしゃべれなくなっちゃうけど、大丈夫、ちゃんと汲み取ってくれるし、いきなり英語しょっぱなの人がネイティブと話すことってまあないと思うんで、英会話教室の先生とか、オンライン英会話の先生とかとしゃべることが一番最初だと思うんですよ。その人たち教え慣れてるし、それこそコレスポンデンスって言いたかったのをコレスプって言ったとしても、前後の文脈で、もしかしてあなたが言いたかったのってコレスポンデンス？って感じでフォローしてくれるから、そこで、あ、そうだ、コレスポンデンスだ、間違ったな、でも今ので覚えたなってできるから。

だから英会話教室行くのは最後の最後ですね。まずはシャドーイングで単語をちゃんと覚えて。今無料で学べるコンテンツとかYouTubeでいっぱいあるんで。あとは今持ってる単語帳があるんだったら、それを口に出して、アップル＝リンゴくらいの速さまでちゃんと覚える。頭に入るまで、五感を使って覚えて。

練習してないのに公式試合出る人いないじゃないですか。公式試合は最後の最後。インプットないのに急にアウトプットし出しても、自分から出てくる単語って全然ないんですよ。

単語帳とか1周しただけで終わってる人いますけど、例えばフォークとかのことカトラリーって言うじゃないですか。これなんて言うんだっけ、フォークじゃなくてカトラリーだっていう時差がまだある状態のままで単語帳終わっちゃダメ。これはカトラリーだっていうところまで、全部の単語がそういうスピード感になるまで覚えないと、会話って止まっちゃうから。

やっぱ世界で通用するためには、書くより会話できなきゃ意味ないんで。

④ エミレーツCAからなんだかんだあって女芸人クレイジーココ爆誕！

暇でつらいフライトは1人で「白目見つからないかゲーム」ごほうびフライトのモーリシャスステイがあればがんばれる♪

そんなこんなで晴れて2回目の試験に合格して、2014年の5月からドバイ在住になりました。

エミレーツに入ってまず、6週間トレーニングカレッジでフライングライセンスを取得するトレーニングをする。それを取って、6週間後に、よし、いってらっしゃい、で、初フライト。

緊張しましたー！　あれを超える緊張に出会ったことないです。人生で一番緊張したし、これを超える、例えばテレビの初・生収録とかでもあそこまでじゃない。テレビ、まず日本語だし。

エミレーツの初フライトって、お客さん全員外国人で、ビーフorチキン、チキンなくなったら怒鳴られる可能性あるし。

基本的にウエルカムな態勢じゃないんですよ。でもテレビの収録ってみんなで面白くしようっていう、アットホームっていうかチームワークあるじゃないですか。CAのフライトって、CA同士ではチームワークありますけど、お客さんからどんなスピードの英語でなに言われるかわかんないってないってるんで。あ、もう、終わったって感じ。

私、初めてがパリフライトだったんですよ。もうてんやわんや。フランス人の英語が何言ってるかわかんなくて。楽しいどころじゃなかった。すっごく疲れて。

飛び始めたばっかりの頃、カラチっていうパキスタンの都市へのフライトに乗務したときに、お客さんが、例えばシートが42のAやったら、「ここやな、42のA」

と思って座りますよね。それが荷物棚におっちゃんがおったときあって「何してんの」ってなりましたね（笑）。チケットで42のAって見て、荷物棚のとこに42のAって書いてあるから、そこに上ったみたいで。初めて飛行機乗る方とかいらっしゃるから。上におっちゃんが横になって入ってたときはもうびっくりしました。

かと思えば、もう電卓に乗らないくらいの資産持ってそうなドバイのお金持ちのお客さんもいたり。

例えばフライトで、ロイヤルファミリーみたいな人たち、とりあえずめちゃめちゃ金持ってるみたいな軍団が乗ってきたときに、CAが大体25人くらい一つの飛行機に乗ってるんですけど、「最高のサービスありがとう」っつって、デューティーフリーで買ったエルメスのスカーフを全員に配ってくれたりしましたね。でも私はギャレーポジションにいたんで、なぜかカウントされてなくてもらえなかったんですけど。

私じゃないですけど、同僚とか、デューティーフリーの機内販売やってチップを10万円くらいもらったりってのもあるし。

でもエグいお客さんもいっぱいいましたよ。最後の1年半くらい、お客さん、人間見るのいやすぎて、ギャレーっていう、ごはん用意する、お客さんと一切触れ合わなくていいポジションを私は死守してました。その時点で「あぁ私、今接客ダメなんだ。やりたくないんだ」って思った。

悲しかったのが、日本人のサラリーマンが一番横柄やったってことですね。外国人のクルーにはむちゃくちゃいい顔するのに、わざわざ日本人クルー通ったときに「おい、俺のシャンパンまだかよ」みたいな。「ねえねえ、さっきの日本人さ、むっちゃ態度悪くなかった？」って同僚に聞いたら「ええ？　全然、すごいナイスなジャパニーズガイだったよ♡」これの繰り返しだったんで。っていうの見ると、日本ダサ……みたいな。態度変えるのもダサいし、英語しゃべれないからって日本人にそのストレスを当ててるのも寒い寒いってなって。

そういうのでもなんか「ちょっとごめんなさい、接客できません」みたいになって。行きと帰りで入社順でポジション選べるんですよ。なんでギャレー取れることが多くて。もともとは接客好きだったんですけどね。でもエミレーツ入って嫌いになった時期がありました。居酒屋でバイトしてるとき楽しかったなあって思いましたね。

ファーストクラスぐらいのお金持ちになると、私ファースト担当したことはなくて、ビジネスどまりだったんですけど、ファーストいった友達に聞くと「マジで天国」みたいな。むっちゃ忙しいんですけど、みんなスーパーナイスだって。

ビジネスクラスも、そんないやなお客さんってのは……いたな。

ビジネスはたいてい会社で出してもらってるじゃないですか。それをいかにも俺はビジネスにふさわしい男だ、みたいな。

だんだん慣れてなにも思わなくなりましたけど。

例えば、エアコンって止めても基本的に機内って寒いもんなんで、寒い寒い、ブランケット欲しいって。でも満席だと1人1枚しかないんすよ。ごめんなさい1人1枚しかないですって言ったら、「俺はお前の犬か」「ええー」って。多分入りたてだったら、どうしようどうしよってテンパって上司呼んで「すいません、こういうこと言ってるんですけど」ってなるんですけど、もう、「いや犬だと思ってません、以上」って言うだけ言って去る、みたいな。

それとか、ウェルカムドリンクで、シャンパンがヴーヴ・クリコとモエシャン両方ある。でもどっちかなくなることあるじゃないですか。「オレンジジュースとモエシャンとリンゴジュースで」って言ったら「ヴーヴ・クリコ」みたいな。

「ちょっとヴーヴ・クリコ売り切れちゃいまして」って言ったら、「私はラウンジでも時間がなくて飲めなかったの。ここで飲むの楽しみにしてたのに！　マネージャーとしゃべりたいわ。上の人呼んできて」で、「こんなことは、許せません！　私のこと誰だと思ってるの！」……知らん知らんみたいな。

黄色人種、日本人の女だからっていう理由で「お前にサーブされたくない」って言われたり。子供にアジア人差別の仕草されたり。

でもそれにももう動じない。それに反応する甲斐性すらない。いや、あなたのその動作に私はなんの影響も受けませんみたいな。

ストレス解消は酒でしたね、だから。

イメージング通り（笑）。

だから夢は叶いましたよ（笑）。

あとしんどかったのはフライトが暇すぎるとき。例えば500人のキャパあるのに200人しか乗ってないってなったら、CAはめっちゃいるのに、お客さん少ないからサービスもすぐ終わっちゃうし、手持無沙汰でマジで眠いんすよ。この眠たいサービスをいかに楽しくやるか。よし、「白目見つからないかゲーム」だ。

1人で白目の変顔やってたっていう（笑）。

それとか、バディっていってペアでサービスするポジションがあるんですよ。

私と誰かがペアになって一緒にサービスするんですけど、そのバディの子に「私今からサービスするときにちょっとローリングアイするから、これで一番最後の列までサービスしきったらなんかちょうだい」とか、そういう遊びをしてました。

CAのとき仕事はやりがいのためにやってなかった、楽しみのためにやってました。これをいかに問題なく終わらせてステイ先で暴れるか、みたいな。割り切ってました。そういう道選んだの自分だしな、みたいな。

ごほうびフライトみたいな、例えばモーリシャスの島に24時間ステイできるし、ファイブスターホテルで目の前プライベートビーチでみたいな、そういうフライトが翌月のスケジュールにあると、ああっ、モーリシャスが入ってる♡ あがる、頑張れる、みたいな。プーケットなんかビーチ沿いのウェスティンホテルのヴィラ、1人1棟。で、バギーで迎えに来る。それは割り切れますよ。だって自分じゃ泊まれないですもん、そんなホテル。

ほんとに旅行く感覚ですよね。それがあるから辞められないんすよ。

港区女子なんか目じゃない ドバイ女子のキラキラLIFE

クルーLIFEの華やかさはエミレーツがダントツですね、もう絶対に。

行ってすぐのトレーニング期間中はそんな給料出ないんで、大人しくしてましたけど、独り立ちして、どんどんお給料入ってってなって、いろんな先輩とか友達とかと遊び方おぼえたら、エミレーツカードを使って割引効くところへドレスアップして繰り出して。派手でしたね。港区女子とかとはまた違う派手さだと思う、ドバイ女子。港区女子がなんだと。

夜飲みに行って出会う人が、すぐクラブのVIPルームに案内してくれたりとか。そのクラブも私たちじゃ全然押さえられない値段だけど、「いとこがここのセキュリティーやってるから取ってもらえるんだよ」みたいな。そういうコネクションが広がってってった。

クルーズで遊ぶことも多かったですね。誰かのクルーザーってこともあったけど、そもそもエミレーツが3、4か月に1回、イベントを開催するんですよ、エミレーツクルー限定の。そんでモエ・エ・シャンドンが提供に入ってたり。で、2階建てのおっきいクルーズにみんなドレスアップして行く。ちゃんとドレスコードがあるんですよ、今回のイベントは『007』みたいな服装で来てくださいとか。女の子は黒とか赤のドレス、男の人は黒のフォーマルにちゃんとネクタイ締めて。なんかハリウッドみたいな感じ。

そこでやっぱ出会いもあるわけじゃないですか。横のつながりも増やせるし。

そんな華やかなことやってたのは4年半勤めたうちの2年くらいですけどね。ビジネスクラスになって、そういうの落ち着いてきて、遊ぶ友達とか、色々遊んだけどやっぱこのメンバー落ち着くね、みたいな日本人のメンバーとか、クルーじゃないけど駐在員の男の子とか、そういう子たちと宅飲みとかが増えてった。一通りやったからもういっか、みたいな。

もともと客観的に、そういうパリピのテンションやってる自分があんまり好きじゃないっていうのもあるから、長々とやらなかったっていう。

一生パリピみたいな人もゴリゴリいますけど。楽しかったけど、あれを30越えてやってたら痛いなって思ってたんですよね。

これ21歳で入ってたら、もう抜けれなかったと思います。私は2社目だったから割と冷静でいられましたけど。

だって新卒で、日本での生活レベルでいうと600万ぐらいの年収で、そんなチヤホヤされて、そらもう日本で働けないよってなっちゃう。

しかも週5で働いて残業しての600万じゃないから。月の半分飛んで月の半分休みで、それでの年収600万だから。

結論、やっぱりCAってキラキラしてます！

母の病気でエミレーツを4年半で退職
エントリーシート100社以上送ってまたもや転職活動

エミレーツに入って4年半経った頃に母の体調が悪くなって、それが理由で退職しました。

それがなかったらずっとやってましたね。やっぱ総じて楽しかったんで。その家庭の理由がなかったらいつまでもドバイにいちゃってたと思う。

けど、一般的に35までには日本に帰ってきて転職活動しないと日本での転職って難しいだろうなって思ってたんで、一応自分の中でのリミットとして35って決めてたんですよ。でないと一生ドバイにいて、もう日本に帰らなくなるなって気がして。でもやっぱり自分の居場所は日本だなって、家族がいる日本だなって思ってたんで。

2019年の1月に日本に帰ってきました。で、4月ごろから転職活動始めて。転職情報サイトに登録して、300社くらいお気に入り登録して100社くらいエントリーシート送って。もう送信送信、みたいな。フォーマットがあるじゃないですか。基本的には志望動機を書いてください、履歴書アップロードしてくださいい、って、別に1分くらいでできるんで。志望動機は業界によって書いといて、コピペコピペコピペ。志望動機とか、だって正直、100社全部行きたいかっていったらそうじゃないから、そこまで熱量ないところの志望動機なんかあんま内容ないですよね。

ただ、例えばTOEIC900点以上ありますとか、Excelのこういう資格持ってますとか、エミレーツ航空で働いてましたとか、なんかちょっとパワーワードが履歴書にあったら、そういう人を求めてるところだったら絶対に反応あるんで。もう志望動機なんか見てないっしょ、と思いながら。

でも、最初にスカウトが来た英会話学習のコンサルタント会社を受けるとき、そこの社長さんが本書いてたんで、それは読んで、太字になってるところは全部頭に入れてくってのはやりました。そういうのはどの会社の、どの転職するときも必ずやってます。

本書いてたら本読むし。で、実際最終面接のときに、弊社の社長がこういう本出してるんで、って言われて「あ、読んでます。あれですよね、英語学習を〜〜みたいな内容ですよね」。それが決め手となって採ってもらえたと思うんですけど。

なんでやらんの？　入りたいんだよね？　って思います。

読む時間なかったらYouTuberとかが本のハイライトだけしゃべって内容はわかるみたいのやってくれてるから、最悪そのハリボテでいいからやった方がいい。

で、その会社にすんなり入って、めちゃいい会社だったんです。ただ給料……。エミレーツからのこの給料、やっていけるなと思ったけど無理だ、みたいな。毎月カツカツ。年収ベースでいうと300万くらい下がったんですよ。あ、全然無理だったわと思って半年で辞めました。

新卒の1社目の転職と違って、それをしっかり説得力をもって、こういう理由で辞めましたって言える自信があったんで。

次に入ったのは総合商社の海外営業なんですけど、そこが入社半年目でなんと倒産しちゃったんですよ。

で、また職探し。そのときハローワークの人から職業訓練とか受けてみたらどうですかって言われて、確かに、って。ほぼタダなんで。失業保険もらいながら毎日通いました。パソコンのスキル1個でも書けた方がいいなと思って。

結局4社くらい内定もらったんですけど、体験入社もした後に、ここが一番と思って特定技能の外国人サポートの仕事に就きました。

「体験入社」のススメ！ 明らかに空気悪いな、ってとこでは働かずに済みます

その特定技能の外国人の就労サポートの会社でも、その前の総合商社でも、決

める前に体験入社させてもらったんです。日本だと珍しいかもしれないけど、採る気だったら受け入れてくれます。別にお給料いらないんで、って言って。

特定技能の会社は、社長の隣にデスク作ってもらって。ここの部署は外国人の採用してるんだな、あっちの部署は営業でこれから1人200件くらい電話するんだなーとか見つつ。で、特定技能とは、みたいな説明も間に入れて、基本的にはオリエンテーションみたいな感じで最初やってくんですけど、でも言葉のはしばしになんか、「あ、ここ多分、今仕事のことでイライラしてんな」「営業さんと募集の海外の男の子言い合ってるな、けど、それって別にデフォルトなんだ、みんなわちゃわちゃしてないし」みたいな。そういうのを観察するっていうか。

それで9時から12時まで仕事して、みんなでご飯食べにいきましょう、ってお昼ごはん行くじゃないですか。そこで「みんな社長のこと好きなんだな」とか「社長は男気ある人なんだな」とか色々わかる。

頼んでみて「困ります、体験入社は」ってなったことないです。

体験入社思いついたのは、エミレーツの時に出会った日本人の男友達に、「この会社とこの会社悩んでんねんけどさ。決めかねてんのよな～。年収も一緒ぐらいやし」って相談したら「体験入社したらええやん。俺、ドバイで転職したときに、マジ体験入社しとけばよかったって思ってんんや」って。彼はそこ3、4か月で辞めちゃってるんですけど。

体験入社しても入った後はどっかしらで絶対ギャップは感じるけど、でも明らかに空気悪いなってとこでは働かずに済むやん、って言われて、「確かに」って。

コロナになって1週間高熱が続いて死を意識したとき「やりたいことを仕事にしたい！」って思った

そんで2021年の4月1日に入社したんですけど、7月末にコロナになりまして。

肺炎とかにはならなかったですけど、39度5分の熱が1週間続いたんです。カロナール効かなくて。

保健所のホットラインから電話かかってきたときに私の呼吸がちょっとおかしくて、「爪の色見てください」「ちょっと青っぽいです」って答えたら、「救急車呼びます。ホテル療養では無理なんで、入院に切り替えます。今とりあえず救急車向かわせてます」ってなって。

呼吸しづら～、呼吸ってどうやるんだっけ、っていう状態でした。

ひたすら点滴、ずっと寝る、みたいな感じでしたね。

病院に入院して4日目くらいにやっと熱が下がったんです。

1週間お風呂入れないじゃないですか。やっと熱下がって、じゃあシャワー浴びましょうかってなったら、自分の部屋からシャワー室まで歩くのがもうしんどすぎて。1週間寝たきりだから、体力もないし筋力も衰えてるし、シャンプーするのがゼーハーゼーハーみたいな。食欲なかったから栄養摂れてないし、体力ないし、入院で体重マイナス4キロになってました。

嗅覚味覚マジでダメになります。

熱下がったと同時に味覚がなくなって。甘い酸っぱい苦いはわかるんですけど、ブドウとマスカット、どっちかわかんないです、みたいな。

ちなみに、私長くて、3、4か月戻らなかったんですよ。どれくらいで戻りますかって聞いたら2週間で治る人もいれば6か月かかった人もいます、人によるので何とも言えないです、って聞いてたんですけど。なんでも食べるけど、おいしくない。たまたまYouTubeで、アロマトレーニングで味覚障害治ったっっていうのを見て、それやったら1週間で治ったんです。ユーカリとかラベンダーとか、匂いの強いアロマオイルを1日3回ぐらい10秒間嗅ぎ続けるんです。そしたらかすかに匂いするわ、みたいな。余談ですけど。

病院にいて熱下がったくらいのタイミングで、私がインスタとか全然更新してないことを友達が不審に思って、「なんかあった?」って連絡きて、「実はコロナで入院してる」「えー! 実は私の後輩が、軽症だったんだけど、2週間後にコロナで亡くなっちゃったの。だから軽症だからって、肺炎なってないからって、安心しちゃいけないよ」ってことを聞いて。私、4人部屋で私ともう1人女の子だったんですよ。その子がCT撮ったときに、もう肺が白い、肺炎でしたって言ってて。29歳って聞こえてたんですけど、もうほんと夜中じゅう死ぬほど咳してて。私より先に退院して、良くなったからよかったんですけど、こういう状態から死んだってことか、その友達の後輩は……って考えたら、私もデルタ株で死んでた可能性全然あるじゃんって思って。

そしたら、この特定技能の外国人のサポート、私ずっとやってくの、ちょっと違うかもしれんな、ほんとにやりたいことじゃなくない? って思ったんです。

自分の人生振り返ったときに、しがない経験だけど、そういう経験からなんかきっかけを与える人間になりたい、ポジティブを発信していく立場の生き方がしたいんだと思って、で、エンターテイナーやな！ってとこにつながりました。


エンターテイナーになりたいな、みたいのは要所要所であったんです。

ちっちゃいときダンス習ってたりとかクラシックバレエ習ってたりとか、学祭でみんなで有志でダンスとか出し物やったり。友達の結婚式の余興で色々ネタやったりみたいな。すごい楽しんでやってたし、それに対する努力って惜しまなかったんです。友達の結婚式絶対盛り上げたいとかあったから。

これってやっぱ、そういうことだよな、みたいな。

これを仕事にできたらいいのになって思ってたけど、でもNSC通ってとか、どっか事務所のオーディション受けてとか、一握りしかなれないから、まあまあ、私は安定してないそういう仕事するよりは、趣味とか、こういうオケージョンに取っといたほうがいいのかなっていう風に割り切ってました。

けど、その時にやっぱ、ああ、私はやりたいことを仕事にした方がいい人間なんだって思って、もう、いてまえ精神というか。

それまで、ずっとお給料プラス、今までの経験が生かせる仕事っていう2つの軸だけで選んでました。

仕事ってそういうもんでしょ、みたいな。仕事は好きや嫌い、楽しい楽しくないじゃなくて、生きていくためにするものっていう考えだったんで、たまたまエミレーツが自分の性格に合ってたから楽しい仕事だったけど、基本的には好きを仕事にできる人って、そもそも一握りって思ってた。仕事だから割り切ってやらなきゃいけないし、っていうマインドでした。

けど、やりたくない仕事で大金稼ぐよりも、お給料少ないけど、楽しいことやって好きなことやって、足りない分はバイトするみたいな方が自分に合ってるんだって初めて思ったんです。

コロナも運命、ほんとそうです。

入院中に「なり方 エンタメ」「女芸人 なり方」で検索して、『THE W』にエントリーしよう！ってその場で決めた

もう入院中に、よしエンタメにいこう、でもまだ退院できない、とりあえず「なり方　エンタメ」「女芸人　なり方」で検索して、『THE W』か、と。

エントリー8月12日まで。そのとき7月30日くらいだったんで、「エントリーしよう、この場で」と思ったんですけど、エントリーには動画も一緒に送付してください、ってあって。でも撮れないから、じゃあ退院して、お盆休み実家帰ってから、そのタイミングでいとこ夫婦に撮ってもらおうと思って。

優勝とか全く考えてなかったけど、これでスカウトされるには、みたいな考え方でした。踏み台って言ったら申し訳ないんですけど、これきっかけにどっかに拾ってもらいたいって思ってました。

スカウトがあるもんだとか知らなかったけど、イケるなって思ったんです、なんか。運が味方しています今、って。

今までもずっと「エミレーツ入りたい、じゃ財形50万引き出してCA学校行きます」とか、その日にもうパパパって動くタイプだったんです。

そのコロナになった月って、1年間付き合ってた彼氏と別れ、その1週間後に富士山に登り、で、一緒に登った同僚全員コロナにかかり、その後同僚含めた7人中私だけコロナで入院し、っていうことが立て続けにきて。

だからなんかもう彼氏ともシンプルに一緒にいても幸せじゃないし、恋人として好きの気持ちがなくなってしまったから別れよう、別れました、自分に必要ないもの手放しました。で、富士山登頂で自分の人生にこんな達成感ないわって思ったところで、コロナになりました、っていう。

もう1か月むっちゃあったんですよ。

なんかその富士山のパワー、太陽のパワーみたいな、ヤバイくらい自分にパワーがみなぎってるって思って。その後コロナになっちゃったんですけど、「私今最強な気がする」って感じてました。

コロナになって全部デトックス、いらないもの全部出てって必要なもの入ってくる気がするって。なんか、イケるんじゃね？　みたいな。なんの根拠もないんですけど。

人生に何回かあるんですよ。エミレーツも私、絶対受かるって思ってたんですよ。これエミレーツ受かるな、みたいな。

直感ですよね。

あ、これは来るな、これはイケるなみたいのはあったんですよね。

優勝よりスカウト狙い。芸は粗削りでも話題になればいいんだと思って劇場に友達60人呼んだ

でもネタも考えたことないから、とりあえずCAでなんかちょけたことやってたら、キャラ芸人の方がインパクト強いしイケるかなと思って。

そしたら1回戦通って、2回戦も通って、で、準決勝いって。もうその時点で準決勝いけんだ⁉　って。

700組応募あって38組に選ばれたんだってなった時に、芸とかは面白くないけど、「こいつ誰だ？」ってなるだろうなって思ってたんですよ。

しかもめちゃめちゃやらしいですけど、私素人じゃないですか。会社員じゃないですか。それがルミネの舞台に立つとかなったら友達が応援に来ないわけない

じゃないですか。結果60人くらい友達呼んだんですよ。

それで友達がXとインスタにあげまくったんですよ。そしたら結果、後々に吉本入ってから言われたことですけど、ほんとにお友達もすごく来てて、すごい集客力があるなと。あんだけお友達が応援に来てたのも事務所内で話題になりました、すごい人がいるって、って言われて、「狙った通りだ」みたいな（笑）。

面白くなくても、話題になるとか、言ったらお金になるって思わせたらいいんだなって思ってたんですよ。

なので、これはもう、落ちてもなにかあるかもしれない、っていうのはずっと思ってました。

超粗削りって言われました。起承転結もなってなかったけど、なんか光るものがあったんだよねって。

ルミネはさすがに緊張しましたけど、初めてのCAのフライトのときに比べたら、あれ超えることに出会ったことない。だってみんなお笑いが好きってホームなわけじゃないですか。日本語だし。

結局すべったとしても失うものないけど、CAでなんかやらかして、最悪クビとかいう可能性もあるから、そのハラハラを超えるものは出てこない、ホンマ。

そしたらやっぱり、準決勝の舞台終わった後、名刺を渡そうとスーツ着た人がちょっと立ってんな、着替えるの待ってんなみたいな。

声かけられたときに、超白々しい顔して「はい？」（笑）。

絶対にこれはどっかのお笑い事務所だって思ってたら、吉本で。でもその時は連絡しなかったんですよ。名刺だけもらって。

そんときまだ準決勝の結果出てなくて、このまま無名のまま決勝いけたらカッコいいなと思ってたんで。でも結果、準決勝でダメだったんで、そうなったときに今更連絡するのもなんかダサいなと思って。

結局自分が結果残せなかったときだけ、この名刺に連絡しようってなんか違うなと思って、してなかったんですよ。

そしたら、『THE W』の運営の方から連絡来て、吉本サイドの上の人間が一度ぜひお会いしたいと言ってます、って。「え、Mさんですか。名刺いただきましたけど」「今回はもっと上層部の人間です。東京吉本にご招待するので来てください」って言われて、「じゃ行きます」ってなって。

事務所は絶対吉本がよかった。事務所規模と、番組制作の数と。テレビ出たいって方だったんで、もう吉本しかないでしょと思ってて。

いろいろ闇営業とかブラックな問題があってからの、だったんで、「ほんと気になることあったらマジで全部聞いてください！　入ったあとに違ったってなったら、それこそココさんの人生がアレなんで」みたいなｗｗ。「ちなみにギャラ9：1っていうのはほんとに嘘なんで」「そういう噂とかもありましたけど、超クリーン、ほんとにクリーンです！」みたいな。ほぼその話2時間ｗｗｗ。

スカウトって、もうゴリ押ししてくれるんでしょ？　違うんだ？　じゃあインスタでフォロワー20万人目指します！

最初の頃って私の考えも甘かったかもしれないですけど、え、スカウトってもうゴリ押ししてくれるんでしょ？　スカウトしたってことはもう吉本総出で売り出してくれるんでしょ、そういうことできますよね、って思ってたのに、え？　えーと所属しました、で、100人くらいいる若手班、おすすめLINEグループみたいのにポンと入れられて、いついつオーディションあります、いついつ舞台立てる人、代打できる人……え、私全然関係ないじゃんと思いつつ、あれ？

これもしかして吉本はなにもやってくれないのか、と思って。思ってたんとちゃうな、これは自分のやり方でやらないと、って気がつきました。

吉本では、小さな箱から舞台に立って経験積んで、腕を磨いてファンを増やして、っていうのが王道ですけど、自分はそういうタイプとちゃうな、ネタも私がその時目指してたのはリアリティあるあるみたいのだったんで、刺さる人に刺さったらいいと思ってたんです。


それで、その頃インスタのフォロワー4000人くらいだったんですけど、これを1年で20万人にしようって目標たてました。

マジで自分で20万人到達しないと仕事ふってくれないわと思って。

自分がインスタとか好きだったし、向いてない舞台に出てコツコツやるより、その方が早いかなって思ったんですよ。インスタはもう何万人って見てるし、芸人として好いてもらわなくても、例えばお母さんとすごい仲いい、じゃあ親孝行してるの好きな人が見るとか、あとCAなりたい人が見るとか、いろんな引き出しから人呼べるなと思ったんですよ。確実にこっちの方が早い。

劇場じゃなくてインスタで1分のネタをどんどんあげようって思いました。

今はYouTubeにも力入れてますけど、最初はYouTubeはインスタ20万人に到達するための手段だったんです。それでYouTubeは10万人って目標たてました。そこでSNSで20万人いったら、テレビのオーディションとかも、1年目でも呼べるくらいの箔がつくから、事務所からもそこ目指してくださいって言われて。で、それを達成した結果、やっぱり仕事ふってくれるようになりました。

今後、誰か目指すとしたらアンミカさんみたいになりたい。アンミカさんむっちゃ好きなんですよね。通販番組やってるときから好きです。こんなに流暢に商品紹介できますか? みたいな。色んなことできる。ミュージカルもできるしMCもできるし、モデルさんだし。色んな引き出し持ってるのがカッコいいなと思って。私も、別に女優になりたいとかないですけど、なんかコメディで誰かと共演したりとか、いろんなことやってみたいんで。

テレビのお仕事はとりあえずなんでも、ドッキリでもなんでもやってみたい。やったことないジャンルは全部やってみたいと思ってます。

自分軸があれば直感に従える 自信がなかったらワクワクする方に行ったらいいと思う

自分の直感だけ信じてます。仕事、別に選べる立場じゃないですけど、例えばこういう営業の話あります、ネタ2分、トーク5分どうですかとかっていうのを、あ、なんか違うかもって思ったら、断ります、みたいな。そもそも舞台でネタするっていうの自体が今の私は違うと思ってて。見せ方、今私そっちにベクトル向いてないから、まず直感として違うっていうのがある。

それこそ私をスカウトしてくれたマネージャーが、これから色々仕事来るけど、ココさんは直感に従っとけばいいと思います、って言ってくれたんですよ。

直感に自信なかったら、ワクワクしたら行けばいいと思う。
楽しそうだなって思わないと、やる気起きないと思います。

この間も、「そういえばココさん、グラビアとかって興味ございます?」「え? グラビアってあの脱ぐやつですか」「ま、脱いだり手で隠したり」。

いや、するわけないですよ！　私脱ぐのだけはマジでしないんで、よく言ったなぐらいの（笑）。

目先のことしか考えてない状態だったらいってるかもしれないです。お金がとか、有名になるためだったらなんでもするみたいな。でもそれって多分軸がないんですよ。

とりあえず私は最短で売れたいっていう気持ちのもと、吉本に入ってて、だからもう高速道路なんですよ。高速に乗ってるのに海老名のサービスエリアでメロンパン食べたいとか、こっちでは唐揚げ丼うまいですみたいのに全部乗っかってったら、めっちゃ時間かかるじゃないですか。食べ物は後でいいけど、とりあえず私は売れたいんですみたいな。

っていう軸があるから、いやそれ食べたときはおいしいかもしれないけど、次なにつながるのって。果たしてそっちの方面で売れたいのってなったら違うじゃないですか。

どの仕事するにしても自分がどういう軸かってのをまず決めないといけないですよね。

⑤ 今振り返って思う、「夢の叶え方」

言霊、あると思います
叶えたいことがあるなら口に出した方がいい

私は今になって思うけど、今まで目標とか立ててこなかった人間なんで、5年後どうなってたいですか、10年後どうなってたいですか、とかって、よく面接とかで聞かれたときに「いやないよ、そんなの」って思ってたけど、そんな5年10年じゃなくてもいいから、やっぱり思い浮かべるビジョンは必要だなって思いました。

例えば1年間でインスタ20万人、YouTube10万人っていう、すごく具体的な数値目標にしたときに、やっぱ口に出して言霊にしてよかったなっていうのがすごいあったんですよ。それがあったから多分叶ったと思ってて。

だから目標なんか立てなくて夢なんかなくて、その場を生きてるって人も全然いいと思うんですけど、ほんとになにか叶えたいっていうものがあるんだったら、口に出した方がいいと思います。

言霊、あると思います。

自分で言うことで、脳に残るというか。

諸説ありますけど、意識してること1に対して無意識って2万くらいあるって聞いたことあって。例えば今日私、白い物をどれぐらい身につけてますか、って意識して初めて、1個かってわかるけど、それぐらい人って無意識に過ごしてるから、それってすごい思考にも当てはまる。

私はいついつまでにこれを達成したいんだって無意識じゃなくて意識に変えることで見えてくる景色が違うなってのがすごいあって。気づくことが多いと思うんです。

インスタ20万人達成っていうのを意識し出したら、「こういう時間帯にこの投稿したらバズるんだ」とか、「今ってこのハッシュタグ流行ってるんだ」とか、気が付くようになる。普段はハッシュタグなんてこんないっぱいつけてなんになるんだよ、なんだこいつ、とか思ってたけど、あ、「CAあるあるってやってるな」とか、見える景色が増えていく感じなんですよね。

アンテナがやっぱり張り巡らされるから、言った方がいいなと思います。

そして、口に出して言っとくと、この業界っていうのもあると思うんですけど、例えばラジオやってみたいな、本出したいなって言ってたら、それを誰かが聞いてて、あ、そういえばクレイジーココ、本出したいって言ってたよとか、ラジオのパーソナリティーやりたいって言ってたよ、っていうのが横につながってくってのがあって。

例えば一般企業で働いてたとしても、海外事業部行きたいんだよね、そのために、じゃあTOEICのスコア上げるために努力してる、いついつまでにTOEIC900点とります、っていう風に言ってたら、実際にとったときに、そういえばあの部署の〇〇さんが海外事業部行きたいって言ってたけど、っていう風につながると思うんで。

自分1人で頑張らなきゃいけないこともあるけど、周りを巻き込んで協力してもらえる部分ってあると思うから、そういう風にやると叶えやすいんじゃないかなって思います。

まだ目標や夢が見つかってない人はぜひ「好き100個・嫌い100個リスト」を書いてみて！

まだ目標や夢が見つかってない人、全然それでいいと思います、私もずっとなかったし。

私が好きなこと見つけたのって35歳、すーごい時間かかってます。

あ、こういう風に掘り下げってたら、もうちょっと早く見つかってたなって私は後悔したので、今まだ見つかってない方、これをやってみてください！

まず、好き100個、嫌い100個を書き出します。好きなこと嫌いなこと、なんでもいい。

CRAZY COCOの好き嫌いリスト

好き

1 人と話す
2 旅行
3 海外
4 エンタメ
5 食
6 チームワーク
7 スポーツ
8 コーヒー
9 コメディ
10 英語
11 企画
12 海
13 イベント
14 カフェ
15 自然
16 ヨガ
17 山
18 飛行機
19 本
20 寿司
21 チョコレート
22 スピッツ
23 音楽
24 余興
25 笑顔の人
26 発信すること
27 手紙
28 メッセージ
29 挑戦
30 自分で決める人
……

嫌い

1 競争
2 ノルマ
3 営業
4 電車通勤
5 細かい作業
6 数字
7 年功序列
8 しきたり
9 ひいき
10 無給残業
11 オーナー社長
12 人見て態度代わる
13 ケチな人
14 デスクワーク
15 同じことずっとする
16 ルーティンワーク
17 混雑
18 普通
19 ステレオタイプ
20 怒ること
……

例えば私、嫌いなことやったら、競争嫌いです、営業、細かい作業、年功序列、しきたり、ひいき、無給残業、人見て態度変える、ケチな人、デスクワーク嫌いです。全然仕事のことじゃなくてもいいです。ただ自分が嫌いなことを思い浮かべてください。

逆に好きなことは、人と話す、旅行、海外、エンタメ、ヨガ、コーヒー、チョコレート、笑顔の人etc.

ありとあらゆる自分の好きなこと嫌いなことを100個ずつ書き出すんやけど、結構難しくって、あれ100個も出てこうへんて思うねんけど、振り絞って出してください。

で、この中で私はもう絶対営業、いややねん。しきたりいややねん。これはマジでいややっていうのを5個ピックアップする、100個の中から。好きの方も、例えばエンタメ、海外、コメディ、イベント、音楽とか5個ピックアップして。

それを並べてみて、可能性のある仕事っていうのを思い浮かべる。

例えば営業がいやなんやったらデザイナーとか企画とか。

逆に好きなこと、旅行好き、つまりCAにも関係ありましたけど、結果まあ旅行好きやったからCAなったんやろなっていうのも後々わかったし。こういう風に細かく細かく掘り下げていくことで、好きなことがパッと見つかるってわけじゃなくて、なんかアイデア湧いてくんなっていう、そういう脳みそに切り替わっていくから。

私は大学卒業して23歳から働き始めて、35歳で芸人になるまで、この12年ぐらいいろんな仕事をしたけど、その12年って自分にとって芸人になるための準備期間やったんやなっていう風にすごく思うんですよ。

というのも、ドバイで出会った友達とか、海外のクルーと仲良くなって今でも親交が続いてるとか、世界中に友達もできたし、普通に日本であのまま会社員をしてたら絶対出会ってないような人たちといっぱい出会えた。今私がこうやって発信してることをたくさんの人たちが応援してくれるきっかけになったのって、絶対その人たちのおかげでもあるんですよ。その人たちと出会えたことで今の私があるんやなと思ってるから、すべてはつながってるんやな、って思う。

プラス、あのとき全部点やったのが、振り返ってみたら、こういう線やってんなっていう、これを自分の中でつなげてったらエンターテイナーになりたいっていう、好きなことにつながったんやっていう感じなんですよね。

昔からサッカー選手になりたいとか俳優さんになりたいとか、すごく明確な目標がある人もいますよね。それはすごいラッキーやと思う。ただ、今見つかってません、もう仕事も給料いいから銀行入ります、現時点ではそれで全然OK。社会経験を積んで、いろんな人と出会って、いろんな意見を吸収したらいい時期やねんけど、27、28ぐらいで転職考える時期が1回くるから。ってなったときに、この好き嫌いリスト書いてみてほしいな。

売れるための願掛けで禁酒してたらノンアル・ドリンクのCMが来たー！

私もまだ夢を叶える途中なんで、今禁酒してます。
それは売れるためになにか好きなことやめようって願掛けです。
禁酒禁欲してます。

芸人になるって決めたときに、なにか自分が好きなことを止めて自制をしたら夢の達成への近道になるんじゃないかな、って思って。今のところ、『しゃべくり007』と『グータンヌーボ2』に出るまでは禁酒するって決めてます。すごい出たいんですよね、その2つ。

もう1年7か月経ちました。何回も「うわー、いってまいたいな酒」みたいなときあったんですけど、やっぱ続けてたら、アサヒのノンアルコールのドリンクのWEB版のCMに声かけてもらったんですよ。

それもあの時禁酒してたから、禁酒止めなくてよかったなと思って。それで禁酒止めてました、だったら、一気にそのCMも説得力なくなるなと思って。

私が禁酒してるの知っててオファーがあったわけじゃないと思いますけど、それもやっぱつながってるなって自分の中では思いましたね。

第二章

仕事もメンタルも恋愛も人間関係も「自分軸」でいこう！

① 人間関係について

人間関係のポリシーは基本、「全肯定」。人と違って当たり前だから、十人十色、他者尊重、っていうマインドで

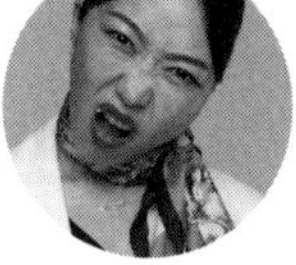

人間関係はエミレーツ時代でめちゃめちゃ鍛えられましたね。

ある年のクリスマスのフライトでフランス行って、帰りのフライトで私のバディがトイレから全然出てこなくて。そしたらトイレで泣き叫んでるんですよ。そのタイミングでクリスマス当日に彼氏に振られて、フライトができないくらいに情緒が…。仕事して?って思いながらも、でもまあ別に今日、お客さん少ない

しなって、パーサーに手伝ってもらったりしてやりましたけど。

いろんな人いるなあって。

いろんな経験から得た私の人間関係のポリシーは基本、「全肯定」です。

例えば、誕生日プレゼント渡しましたと。で、後日そのプレゼントがメルカリに出されてましたと。最初は「は？」って思ったし、それやってもいいけど、バレないようにやりなよって思ってたんですけど、あ、そういう考えの人なんだ、私は違いますけどね、っていう。

え、ありえないじゃん、この行動って思うことが、海外に住んでたらザラにあるんですよ。自分はこう育ってきて、日本でこういう教育を受けて、これが至極真っ当で正しいって思って生きてますけど、そういう、何もかも売らないと生活できなかった人もいるんだ、とか。

基本的に人と自分は違って当たり前だから、十人十色、他者尊重、っていうマインドで生きていかなきゃなっていう。

全肯定ってすべて受け入れてるみたいに思えますけど、あ、なるほど、そういう人もいるんですね、オッケ、みたいな。

なんでそんなことすんの、ありえない、人からもらったものメルカリで売るなんて、とは言わない。ま、所有権あなたに移ってるんでどうぞ、って。

よっぽど価値観違ったら、批判しないで離れる。結果その人とは離れたし、ただ、私がこの人に説教垂れる必要ないよな、って思う。

そういう人はそういう人同士で仲良くしとけばいいかなと。類は友を呼ぶってそういうことじゃないですか。

類は友を呼んで、自分が大切にしたい居心地のいい人って多分そうやって巡り会ってきた気がするし。

私から離れてった人とか私が離れた人っていうのは基本的には多分合わないから、そういう人だったんだって終わるようにしてました。

仕事場での苦手な人間関係は、自分のやるべきことに集中して「この人はこういう人」って割り切る

それが仕事関係だと、このいけすかない上司と

ずっとやってかなきゃいけないってこともあるじゃないですか。
そういうときも、この人はそういう人、私のことが特別嫌いとか、意地悪しようとかそういうマインドじゃなくて、ほんとにこういう態度しかとれない人なんだって思うようにする。ネガティブな人もいればポジティブな人もいるし、社交的な人もいれば内向的な人もいるし、この人は内向的かつネガティブな人なんだ、はい、オッケーです、仕事上の関係だけでいいです、みたいな。割り切ります。
定期的にお仕事ご一緒させていただくスタッフさんとか、大好きなんですけど、日によっては今日のこの人、むっちゃ嫌いやわ～って日もあるんですよ。この言い方嫌いだし、この今日の態度むっちゃいや。けど、まあまあまあ、そういう日だったんでしょう。それがずっと続くわけじゃないし。不機嫌で自分の感情コントロールできないタイプの人なんだなって。

仕事場で苦手な人がいても、自分のやるべきことに集中してたら、言い方に毒があっても、あ、この人はこういう言葉のチョイスしかできない人だった、そうだった、真に受けちゃダメだとか。自分がどうやって切り替えるかですよね。

それをいちいち熱いボールのまま受けてたら、やけどしちゃうけど、ハイハイ、ちょっとボール転がしといて、冷めましたくらいのときに取ったら、まあまあこういうこと言いたかったのかな、ただコミュニケーションが不器用だから、この人はこういう言葉しか使えません、そういう解釈してます。

自分を尊重してくれない人と一緒にいても自己肯定感下がるだけ 離れたからこそ新しい出会いもあるわけで

自分が大事だと思ってる人にも説教とか批判はしない。ただ「それいやだな」とは言います。

例えば2時間連絡なしで遅刻とかされると、普通にいやっす、とか。怒ることはないけど、超冷静に言います。大人じゃん？　遅れるのはいいけど、連絡してくれないとこっちも休み貴重なんでお願いします、みたいな。

怒ることはマジでないです。

失礼かもしれないけど、期待してない、人が変わることに。自分で変わろうって思わないと、絶対動かないから。だったら自分の方を変えるしかない。だから友達に怒ったことない。

基本的には好きな人と普通な人だけでできてるんです、私の人間関係って。嫌いな人とはそもそもつるまないし、嫌いな人はもう切ってます、完全に。私、相当なことされないと嫌わないんで。今のフォロワー数を利用してこようとした人とか、自分の仕事をリスペクトしてくれない人とかからはスーッて離れましたね。なんで？ってなってると思います。急に連絡とれないから。

友達切れない人って、切れないっていうかいやなことされたのに一緒にいる人って、結局自分が独りになりたくないから、そのいやな交友関係続けてるじゃないですか。

でもそれって全然幸せじゃないし、そこで切ったからこそ、ほんとに自分が生きたいような生き方できたからこそ、また新しい人たちが入ってくるわけで、そこを全然自分のこと大切にしてくれない、リスペクトしてくれない人とずっと一緒にいても自己肯定感下がるだけなんで。

悪い人間関係は早く断ち切る。

日本人って自己肯定感むっちゃ低いっすもんね。

あんたなんかにできるわけないじゃんとか、お前なんか誰も認めてくれねーよみたいなこと言われ続けたら、やっぱそうなんだってマインドコントロールされちゃう。そういう人からはもうめっちゃ早く離れる。

離れられないってのは自分の問題じゃないですか。離れられない自分のメンタルの弱さっていうのがあるから。そこの勇気さえあれば、うまくいくのになぁって思うことよくあります。

お局さまにもむっちゃ自分からいく 目が合ったら自分から挨拶。始めよければすべて良し！

日常的な人間関係を良くするコツは、私の場合「自分からいく」。
エミレーツの人間関係は悪いこと全然なかったんですけど、お局みたいな怖がられてる人もいて、そういう人にはあえて自分からむっちゃいってました。
結局キャンキャン言う人って寂しがりだなと思ってて。むすっとしてて、あの人は怖いよって有名な人もいるんですよ。でも言葉のイントネーションで、あ、この人関西だなってなると、エイコさんどこ出身ですか？　とかグイグイいって。

上の人にも後輩にもそうです。後輩だと逆にもうなんか、今の時代、勇気ない子多い気がしてて。ってなったら、先輩からいってあげたら良くない？　一緒に働くチームなんだったら、目合って、自分から挨拶した方が相手も多分気持ちいいだろうし。先輩だったら自分からちゃんといかないと、っていう世代なんで。

挨拶大事！　始め良ければすべてよしって思ってます。

職場でも、愛されるには「笑顔で挨拶」、これやと思います。

聞いたことある人も多いと思いますけど、第一印象は出会って4秒で決まるって言いますよね。朝、出会って4秒以内に「あ、おはようございまーす！」、これめっちゃ大事やと思う。やってることアホやっても、いっつもあの子笑顔やなーみたいな。

明るい人もいれば暗い人もいるし、朝苦手な人もいれば得意な人もいると思うけど、やっぱり4秒以内に自分の印象が変わってしまうというか、左右される、ジャッジされると思ったら、いいに越したことないから。スマイルで挨拶です！

いやなんだけど、そこにいなきゃいけないときなんかは、もうめちゃめちゃ合わせにいきますね。二重人格くらい。

それこそ、エミレーツ時代もいろんなオケージョンあったんですけど、マジでこの女の先輩のいる飲み会に行きたくない、とかっていうのあったんですけど、でもすごいお世話になった人の送別会も兼ねてるから行かなきゃいけないってなったら、もう超、誰ですか？ くらいの人格でいってましたね。

そこで切り替えないと、この人たちのこと嫌いなのに一緒にいる素の自分は無理だ、みたいな。超サーブに、サービスに徹するみたいな。会話に入るんじゃなくて、「お酒全然ないですよね、取ってきます」みたいな。動く。でもこの場にはいるからねっていう。やってたなあ。ま、楽しくはないんですけど。

あと、人の記憶に残るにはどうしたらいいかってのは考えてた気がします、エミレーツのときから。

フライト前にブリーフィングっていうミーティングがあるんですけど、こうやってクルーが入ってきて、キャプテンが座ってて、パーサーがいて、ファースト、ビジネス、エコノミー、今日のフライトは何名乗ってて、VIPはこれで、みたいな、共有があるんですけど、そういうときもただ聞くんじゃなくて、初めましてじゃないですか、みんな。ってなったら自己紹介のときとかに、ココって名前でやってたんで、ココ・シャネルって呼んでね♡　もしくはお薬の方のココでもいいわよ、みたいな。コカインのことココって言うんですけど。そういうブラックジョークとかで、ヘイ！　みたいな（笑）。そういうのでもう、出だしから楽しくフライトできるにはどうしたらいいかみたいのは考えてました。

ま、それは海外の人がいたから、それに乗ってくれるってわかってたからできたんですけど。日本でやったらマジヤバいやつってなるから控えてはいます（笑）。

SNSで気をつけてるのは「リクエストに応えすぎない」「否定から入らない」

広い意味での人間関係、SNSとかYouTubeで気をつけてることは、1つはあんまりリクエストにばっかり応えないようにしてます。

例えば今一番よくくるのは、筋トレ動画上げてくださいとか、宅トレ動画上げてくださいとか。そのうち絶対上げようとは思ってるんですよ。でもそれを自分のスケジュールを詰め詰めにして頑張ってスタジオ押さえて、宅トレ考えて、って無理するところまではやらないようにしてて。再来月だったらちょっとスケジュールがいけそうだからそのタイミングで上げようとか。

結局、ファンの人たちに見てもらってなんぼの仕事ですけど、そもそも自分がいいもの作れないなっていうスケジュール感でやりたくなくて。

楽しくなくなっちゃうじゃないですか、多分、それやっちゃうと。それに応えてばっかりだと続けられないなと思って。

他に気をつけることといえば、やっぱやってる外資系のネタとか関西と東京のネタとかって、バカにすんなよ、みたいなコメント入るんですよね。特に外国人CAのやつとか、結構フィルター使って整形みたいのしてるから、差別主義者、みたいな。

けど、「やめないよ」って思ってます。

そう思う人はそう思う人で、私の動画観なきゃいいだけの話だから。

結構メンタル的に「オォウ」みたいな言葉が来ても、やることは一貫して続けようと思ってます。

特定の人種を卑下するようなことは絶対言わないし、外資系CAイコール外資で働いてるCAなんで、外国人じゃない可能性もあるって意味をこめてるんですよ、私の中では。だからぱっと見アメリカ人に見えた人はアメリカ人差別してんのかって言うけど、それはあなたがアメリカ人がこういう顔してて、こうだって思ってるだけでしょって。

YouTubeではメイク動画とかヘアセット動画とかやりつつ、フォロワーさんの悩みに答える人生相談みたいなこともやってるんですけど、そういうときは否定から入らないようにはしてます。どの質問に対しても。

入社して1週間だけどもう辞めたいですみたいな相談きて、正直、え？ 早っ、いや私5回転職してるけど、あんたまだ1社目やから頑張らなあかんでって思っても、「いやそうやんな」って。1回「わかるー、入ってみてギャップとかむっちゃあるよなー。そればっかりは入ってみなわからんもんなー。でも」みたいな。

自分もそういう経験があるからホンマに出てる言葉なんですけど。

ただ死にたいってことに関してはマジでわからへんから、36年生きてきて1回も死にたいと思ったことないから、その気持ちに対してのわかるは言えないけど、つらいことあるよなーわかるーみたいな。

1回必ず肯定から始めようとは思ってます。

② 恋愛について

この年だから結婚しなさいとか、周りの意見関係なく、あのとき彼氏よりドバイ行き決めてよかった

そもそもなんですけど、あんまり恋愛体質じゃなくて、けど今みたいに自分軸で生きてこなかったからこそ、若いときは、なんか自分が充実してない生活の溝を好きって言ってくれる男の人で埋めてたみたいなところあります。

エミレーツ入る前は23くらいから27くらいまで同じ人と付き合ってたんです。

仕事関係で出会った6コ上の人で。

　それが私がエミレーツに合格して、で、一応エミレーツは3年契約なんですね。で、それを更新してって好きなだけ働けるんですけど、じゃあ、まあまあ、とりあえず3年いって戻ってきてから結婚しようみたいな話になってたんですけど。

　私の中ではやっぱぱなんか、「いや私が結婚はないかな」。

　長くは付き合ってたし、向こうの両親にも会って、私の母もあっちの両親に会ってたし、もうほんとに結婚っていう方に進んでたんですけど、やっぱり急にやりたい夢が見つかっちゃったんで。

　私がここで結婚しちゃうと夢叶えられないじゃんって思っちゃって。

　で、とりあえずドバイ行って、半年間日本に帰れなかったんですよ、トレーニングとかあって。それで半年ぶりに帰ったら、久々に会ったときに、お互い、多分向こうも「うわ、違うな」ってなっちゃったんですよ。

　私が半年間の間に百何か国という人見てるじゃないですか。で、毎日むちゃくちゃ刺激的で、もちろん魅力的な男性もいっぱいいたし。けど彼はなにも変わってないと思っちゃったんですよ。日本に帰って、その、ほんとに変わってないんだなってのが面白くないなと思っちゃって、いい人ではあったんですけど、これどこにも行けないよなと思って、話し合って別れたって感じです。

彼も納得してたし、私のことが好きかどうか、俺ってお前のなんなのみたいな感じになっちゃってたんで。

私そもそもLINEとかもほんとに返せない人で、仕事だったら返しますけど、LINEピコピコやってるくらいだったら会ったらいいじゃんっていうタイプだったんで、でもドバイと日本の遠距離だとそうはいかないじゃないですか。時差もあるし。向こうがLINE返してほしいタイミングで私は返せなかったし、家にWi-Fi最初通ってなかったんで、返そうと思ったら30分かけて本社のビル行ってつなげなきゃいけないってのがしんどくて。なんで、お互いすごい無理してたのがあって。

私がドバイ行ってすぐとかも、私の母を食事に連れ出してくれたりとか、むちゃくちゃほんとに大事にしてくれてた人だったんです。

でも母に言ってたのが、私入社してすぐ寮に入ったとき、一人っきりだったんですよ、寮の部屋に。普通3人ぐらいでシェアするんですけど、たまたま入れられた部屋が誰も住んでないところで。むちゃ孤独じゃないですか。けど彼は私にルームメイトがいないってのを信じ切れてなくて。ほんとにココは1人で住んでるのかなあ？　みたいな。他に男とかいるのかなあみたいな感じでうちの母に相談してたらしくって。それぐらい多分もう信頼できない、私が連絡返さないから信じられなくなっちゃってたとこもあって。

ほんとになんか、自然に消滅ってこういうことなんだなと。

お互いがお互いのタイミングで縁がないとこうやって離れてくんだなってのを実感したときではありましたね。

最後「今までありがとう」みたいな。

物理的な距離が心の距離とは別に思わなかったんですけど、いや国またぐのはちょっとしんどいなってのはありましたね。

私が例えば同じような経験してる20代の人とかに言えることがあるとすれば、やっぱりそこで夢って選択肢をあきらめる人も全然いるし、それはそれでそっちの価値観だからいいと思うんですけど、やりたいことってそんな簡単に見つからないから、しかも結婚したら海外とかも行けなくなっちゃうし、周りの意見とか同調圧力とか、この年だから結婚しなさいとか、色々あると思うんですけど、私は結果あのときドバイ行き決めてよかったなとめっちゃ思ってて。後悔したこと

1個もないですね。

ドバイに行って玉の輿願望ガン開き！ でも、大富豪の第6夫人になれるかっていったら「あ、自分で稼ぎます」ってなった

ドバイ行くってなって、玉の輿願望もうガン開きです。いやドバイって言ったら玉の輿っしょ！って。

あ、日本で見てたお金持ちはお金持ちではないんだ、って思いましたねー、もうけた外れ。

けどやっぱ、日本に比べてドバイって男性が一家の大黒柱で、女性は基本専業主婦が多くて、一夫多妻だし、ここの大富豪の第6夫人になれるかっていったらなれないなと。

そこのギャップっすよね、やっぱ。けた違いのお金持ちだけど、おもんないやろな、この生活って思った。奥さんが6人いるとして、6人平等に好きってありえますか。絶対ひいき出てくるし、なんかジェラシーってなるやん。

あとドバイ自体がみんなずっと住む国じゃないんですよ。現地の人以外は。基本的にはイギリスとかのヨーロッパからエキスパートと呼ばれる人たちが3年契約とかでいいお給料で働きに来てて。

なんかネバーランドみたいな。すごい今だけ楽しんでる感があって。

羽振りいいし、クラブのVIPルーム貸しきってバンバンみたいなのやってたりしましたけど、なんか幸せの本質がちょっと見えなくなってきているぞ、みたいなの気づいたときに、こういうことしたいからお金持ちがいいと思ったわけじゃないよな、って思って。

勘違いしてる自分さむ〜みたいな。

自分も日本にいたときのお給料の倍ぐらい稼げるようになってたんで、じゃあ別に好きなものは自分のタイミングで自分が買ったらいいんだって。

自分が好きなタイミングで好きな友達と好きなものを食べるみたいのが自分にとっての幸せなんだな、って気づいたときに、あ、じゃあ別に玉の輿いらないじゃんってなったって感じですね。

年収1000万の男がいいって、なぜ1000万ですか なんでその年収がいいと思ってるのかをわかんないと

今は玉の輿にのろうってのは全くないです。

生活費あげるから家事やっといてくれよとか絶対無理だし。

男性のお金に期待して生きるのは絶対やめなさいよって、小学生ぐらいから母に言われてたんで。自分でビジネスしなさいみたいなことはちっちゃいときから言われてたみたいのがあって。

その考え方は結局ぶれてないと思います。

でも同時に母には、自分の生活水準を下げて生活しなきゃいけない男性は絶対に選んじゃダメとも言われてました。なぜならそういう育て方してません、って。

母はラウンジ経営して自分で稼いでたんで、自分に贅沢しようと思えばできたけど、そういうとこには使わず母の妹にマンション買ってあげたりとか、あとは親戚にお金工面してあげたりとか、そういう風な使い方してたんですよ。

自分の大切な人も幸せになれるお金の使い方をしてて。

それは今でも母に言われてて。

だから私、ブランドもんとか全く興味ないんすけど、みんなで旅行行くためにお金使おうとか思いますね。

それをすごいマテリアルに執着してお金使う人、特に芸能人とかだったら急にお金持った人がタワマン住みだしたりとか、ブランドもん買い出したりとか、それが好きでやってるんだったら別にいいですけど、そういう価値観の人とは多分あんたは一緒にいれないよと。ホンマにそうだなと思います。

別にタワマン住みたきゃ住んだらいいと思うんすけど、芸能界でよく、頑張るためにちょっと無理していい家賃のとこ住め、みたいのあるじゃないですか。マジ意味わかんね、と思って。固定の支出は少ないにこしたことないし、月100万もらってて、家賃30万のタワマン住むかっていったら絶対住まないっす。生活水準バッてあげちゃう、先のこと考えてお金使えない人とは一緒にいれないなと思います。

私、マッチングアプリしてたことあるんですけど、あれ多分男性はお金払って、プラス、年収が1億だったら、それがちゃんと承認されてるか、確認とれてるか認証済みです、みたいな表示出るんですけど、革張りのソファーでこんなそっくり返ってイキって、48歳・年収1億みたいな、ほんと意味わかんない（笑）。

ってなると、あーはい、自分で稼ぎます（笑）。


なんでお金持ちと一緒になりたいのか、っていう。

やっぱ玉の輿にのりたい女子っていっぱいいるし、自分もそうだったけど、年収1000万の男がいいって、なぜ1000万ですか、どこから来たんですか、その1000万、みたいな。ほんとに1000万必要ですか、とか、ほんとに1000万だけでいいんですか、でもいいですけど。


なんで自分がその金額がいいと思ってるのか、みたいなのをわかんないと。

私の中では多分、自分の親が生活させてくれてた感じ、○○○万ぐらいか〜。じゃあ共働きで○○万いきゃいいか、みたいな。

その具体的な数字はどこから導き出されたのか、みたいのがみんなあんまりわかってないから、お金さえあればいいみたいな、中身がなくってふわっとしすぎなのかなって。

欧米の「デーティング」は理にかなってると思う だって3回のデートでなにがわかんの

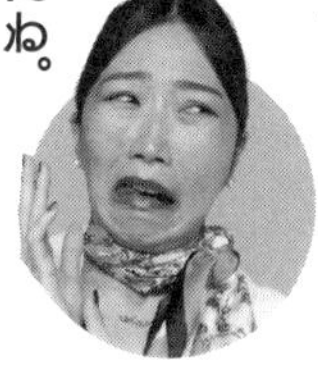

27歳で彼と別れてからは、ほんとフラフラしてましたね。

真剣な恋愛っていうよりは、いろんな文化を知っていこうみたいな時期が自分の中にあって、だから2年くらいはすごいいろんな人とデートしましたけど、いわゆるお付き合いって形ではなかったです。

向こうはデーティングっていう習慣があるんですよ。

正式にお付き合いする前のお試し期間みたいな。2、3か月はデートして、やることやってっていう。複数同時にっていうこともあります。

私はそっちの方が理にかなってると思ってて。

日本って3回目のデートで告白して付き合います、って感じだけど、3回会っただけで何がわかんの、みたいな。1回2、3時間の食事×3回って、やっぱ人を知るには短すぎると思ってて。しかも、ちゃんと将来を見据えて付き合うってなったら、やっぱデーティングで、その、やることやってるのも全然わかるというか。それがすべてじゃないけど、ほんとに生理的に合わないとかもあるわけじゃないですか。

日本だと3回目のデートで付き合って、やることやってから、あれ、全然合わないってなっても、もう付き合っちゃったし、もしかしたら変わってくれるかもみたいなこと期待してズルズルいくパターンもあるし。

海外では、付き合うってことをゴールにしてないから。ちゃんと長くパートナーとして付き合っていけるかっていうところを加味してのデーティング期間なんで。加味しないでワンナイトしまくってる人も全然いますけど。

デーティング期間っていうフェーズに入っている時点でもう、ちゃんと人となりを知ってる子じゃないと付き合いたくないっていう、あっちの大人な考え方なんですよ。同時進行で他の女もいってるって知るのはあんまり気分よくないですけど。

その中でスペイン人のCAの男の子のことが私はすごい好きになったんですけど、フライトで出会って4か月くらいデートしてたんです。私は初めて付き合いたいかも、って思ったんですけど、彼はもうちょっとデート期間を楽しみたかった。私が付き合いたいって思ったタイミングでは彼は私含めもう2、3人のデート候補者の中から選びたいっていうのがあったんで、じゃあちょっとタイミング合わないかってなって結局終わっちゃったんですけど。

そしたら1年後くらいに私が休暇でイビサ島に遊びにいくタイミングがあって、その飛行機に乗務してたのがその男の子だったんですよ。私の目の前の席に彼がCAとして座ってて、え？って。向こうもヘイ！　みたいな。ヘイじゃねーし、ってなって。

で、私がイビサ島から帰ってきたら、そのタイミングで彼から連絡があって、久々に一緒に和食でも食べにいかない？　みたいな。これはそうなるなと思いながら。で、行って、ワンチャンまたいけるんじゃないかなと思ったんですけど、一夜をともにした後に、あ、なんかちげーなと思っちゃったんですよ。向こうは今楽しかったらいい人だ、って気づいて、あーなんかこれ続けてても多分私がしんどくなるなと思って、彼が寝ている間に私はもう出てって。

今まで私がいってたのが、急に私が連絡しなくなったもんだから、手のひら返したようにめっちゃ連絡きたんです。けどなんか、いやもうないなと思って。

それぐらいからは、今だけを楽しむっていう年齢でもなかったんで、いい人いたら真剣に考えようかなみたいな感じでした。

イギリス人の彼の笑いはサーカズム、「なにがおもろいねん！」笑いの文化が合わないって私はダメでした

その後ちゃんと付き合った人はイギリス人の彼と後はスイス人の彼。

でもそのスイス人の彼に関してはこっちもふわふわしてたんで、ちゃんとドバイで付き合ったってなったら、イギリス人の彼っすかね。エンジニアで、マッチングアプリで出会ったんですよ。

なんですけど、10か月くらいで、笑いの文化が全然合わなくて別れました。

イギリスの笑いってサーカズムって言われてて、皮肉を笑うみたいなノリなんですよ。

それも英語、わかる単語で言ってくれたら「今のサーカズムなんだな」ってわかるけど、こっちネイティブじゃないんで。普通にスタンダップコメディとか観ながら、向こうは私が理解できないサーカズムで爆笑してるんですよ。

「僕の妻がマフィンを焼いていたんだ。でも僕は妻のベルトの上に乗っかるマフィン（あっちではベルトの上に乗っかるお肉のことをマフィントップって言う

んですよ）の方が気になったんだ、ハハハハ」「なにがおもろいねん！」みたいな。

あと、例えばフライトがたてこんでなかなか会えないってなったら、向こうってボイスメール送ったりとかセルフィー送り合ったりするんですよ。さみしいから写真送って、みたいな。その文化ないから自撮りして送るってこっぱずかしいなって思って、あえて変顔で送ったりしてたんです。そしたら「ファッツ？」みたいな。僕は君にコメディアンになってもらう必要はないとか言われて。これが今までの日本人の彼氏だったらちゃんとツッコミ入れてくれるのにな、みたいなのもあって。

笑いが合わないって違うんだなーって。

スペックでいったらだって、今までデートしてたキャビンクルーの子たちと比べたら、もうめちゃめちゃ安定してるし、月金で仕事5時終わりで、車もあるし、いいとこ住んでるし、もう絶対にそっちなんですけど、あ、やっぱ私はおもしろくない人と一緒にいれないんだなと思って。

最後はすげーくだらねーことで……。

私がフライトから帰ってきたタイミングで、彼が仕事終わってたから空港まで迎えに来てくれてたんですよ。私帰りのフライトで調子悪くなっちゃって、すごい熱もあったんで、そのまま彼の家で休もうって話だったんですけど、彼は全然料理ができなくて、あっちの薬すごい強いから胃がからっぽの状態で飲まないでって言われてたんで、薬飲むためになんか食べにいこうってなって。荷物置いて食べにいこうとしてたんですけど、そのタイミングでなんかテレビでヨーロッパのサッカーが始まっちゃって。

一生観てるんですよ。私は熱あって、ごはんも食べたい、何時に出るの？　7時には出よう、じゃあ、OK OK。でも6時55分になっても用意してないから「ほんとにしんどいんだけど」ったら、なんかこう、ゆーっくり靴下履きだしたんですよ。それもサーカズムなんですけど。え？　頭沸いてるのかコイツと思って。は？　ダルって思って1回その右足のとき無視してたんですけど。そしたら7時になった瞬間にサッカー観ながら左足もゆーっくり履きだしたんですよ。で、私のほう見て、「右足ゆっくり履いたとき、君はイライラしたね。だから僕は左足もゆっくり履いてイライラさせてやったんだ」みたいなこと言われて。は？　おもんな！　みたいな。で、ブチ切れて、そのまま別れました。私が出てって。

でも1週間後くらいに向こうから「ヘイ」みたいな。「話し合わない？」って来たから「いや話し合うもなにも、私たち終わってますよ。荷物送ってください」。そういう終わり方でしたね。

それがドバイでデートした外国人の最後です。

正直3か月目ぐらいから、どうしよ……おもんない……って思ってたんですけど。まだやっぱりステイタスみたいの重視してた自分がいて。好きでもないけど、彼氏がいるっていう安心感みたいな。

だから本来気持ちとしては3か月で終わってたんですけど、車あるし、送り迎えもやってくれるし、ベネフィット面だけ、彼のパッケージで一緒にいたって感じでした。

自分のマインドが整ってない状態でどんだけ数打っても変な男性にばっかり当たっちゃう

CAしてると昼夜逆転、夜中も普通にフライトしてる、で太陽光浴びてない時間が多いと、マジで病むタイミングがみんな来るんですよ。

私も3か月間ほんと引きこもりみたいになった時期があって。お料理大好きだし、外にジム行って、コーヒー飲んでとか大好きだったのに、3か月間ずっとUber Eatsしかしない、みたいな。仕事ももうほんとに休みたい、そういう時期が来ちゃって、で、落ちるとこまで落ちたら落ち着いたんですけど。

そこで、やっぱ男の人必要かも、みたいな感じのマインドにいっちゃったんですよ。

自分自身を充実させようじゃなくて、男の人がいないからダメなんだみたいな。

私、ドバイ行く前って3年間彼氏いないとか全然余裕だったんですよ。別れた6コ上の人と付き合う前は彼氏いないとか全然普通だったんですけど。

でもドバイに行ってキラキラした世界見ちゃったもんだから、やべー彼氏いねー、ダセー、独りヤバいヤバいヤバいみたいになって。

お腹すいてるときっていろんなもの食べちゃいがちですけど、あれもこれも食べたいって、結局そういうときに食べるものって全然味楽しんでない。お腹7分目だけど、おいしいデザート食べたいって選んだデザートは価値があるじゃないですか。そういう状態にもっていかなきゃダメだったなって振り返って思います。

ずっと恋愛してる人って、恋愛してる自分が好きみたいなとこあるから、それはそれで幸せなんでしょうね。それを自分はそういうタイプじゃないのに羨しがっちゃったらダメだよっていう。あなた、ほんとにそちらの人間ですか、みたいな。

20代はもうそうやってグチャグチャしてても、まあ許されるじゃないですか。ただそれがね、36歳でグチャグチャしてたら、イッテーみたいな。

婚活パーティー行くことやマッチングアプリやること自体は全然悪いことじゃないし、それで自分が結婚したいって目標をショートカットできるんだったら全然いいと思うんですけど、自分のマインドが整ってない状態でどんだけ数打っても変な男性にばっかり当たっちゃう。私は自分と全然合わない人と付き合ったってだけですけど、なんか付き合う男性全員にDVされてる友達とかいるんですよ。それとか蓋開けたら今までの彼氏全員借金ありますとか。

結果自分がそういう人をひいちゃってるみたいなパターンあるから。

それは見る目というか自分のマインドがそっちに寄ってっちゃってるんじゃないんですか。

あ、この女の人多分そういうところあるなっていう変な隙みたいなところに、そういう男性が入ってくるじゃないですか。

隙全然ねーわ、この女ってなったら、わざわざめちゃめちゃセキュリティー頑丈な家に強盗入らないから。うわー、ハイハイ、そこの窓開けちゃってるパターンですねってとこに、やっぱ強盗入るから。そこっすよね。

結局自分でしか変えられないから。人変えることできないし。シングルの間に自分変えてこ、って思いますね。

だから今振り返って言えることだけど、シングルをさみしいと思ってほしくないなと思います。

2年間彼氏いません、ヤバいです、とか聞きますけど、独りイコールさみしいっていうマインドは変えていってほしいなと思いますね。

独りだからこそバージョンアップできる時間だし、ふられて今独りっていうのはすごくつらい期間かもしれないですけど、彼氏がいないっていうだけだったら、今めっちゃ自由やん。なにしてても誰にも迷惑かけないし、フリー楽しいなって思えてほしいな。シングルはフリーダム！　って思ってほしいな。

遠距離の彼に友達と浮気されたあげくふられてから自分軸が大事なんだって思うようになっていった

エミレーツを辞める直前に付き合ったのが、商社マンとか日本人の駐在員が集まる飲み会で出会った日本人の彼。

彼も関西出身で年齢3コ下だったんですけど、こんなに共通点ありますか、ってくらい気が合って。共通の知人もいて運命感じちゃって。

今までで言えばほんとに彼のこと好きだったんですよ。

けど、私は彼と出会った日にエミレーツに退職届出してたんで。私があと1か月で日本に帰ることを話して、で、遠距離恋愛が始まったんですけど。

簡単に言うと私が日本に帰った後に、私の友達と飲み会で浮気しちゃってて。

私今まで、誰一人として浮気されたことなかったんですよ。疑ったこともなくて。

でも彼には浮気もされたし、初めてふられたんですよ。お付き合いってなった相手にふられたことって今までなくて、彼が初めてだったんで、すんげーヘコんで。けど、その時点では私は日本、彼はドバイ。すがっても仕方ないし。

LINEで「このまま付き合ってても うまくいかないと思うし、ココのことが嫌いになったとかそういうことじゃなくて、先が見えないから別れてほしい」って来て。それもLINEかい、みたいな。電話とちゃうんかいって思いながらも、つらいけどまあこの人といても幸せにならないか、って考えて。今までありがとう、元気で頑張ってください、みたいな感じで終わったんですけど。

その恋愛のあとぐらいじゃないですかね、自分軸みたいに変わってきたのは。

例えばですけど、私のベネズエラ人のクルーの友達はイタリア人の男の子と結婚して、イタリアからそのベネズエラ人の友達のためにドバイに引っ越してもらったんですよ。

だから私も心のどっかで、「私が日本に帰れば彼も日本に転職してくれるんじゃないかな」って期待してたとこがあって。彼もそんな話を付き合い始めのときはしてたんで。俺も日本で転職活動するわ、って言ってたから、それを期待してたんですけど、それってやっぱり違うなって思って。

私が好きな人に対してだったら、こういう行動するなってのを当てはめちゃってた。

それじゃやっぱり幸せになれないんだなってのに気づいて。そこからですね、他人に期待するのやめよ、ってなったの。

恋愛観は「ギブ&レシーブ」自分が充実してたら与えるだけで幸せ

そこからだんだん、恋愛観は「ギブ&レシーブ」ってなりました。

ギブ&テイクって、例えばこれあげました、ギブしました、ってなったら、どっかでじゃあテイクのタイミングがくるかもしれないって期待してると思うんですよ。あげたしなって。

けどそれじゃダメだなと思って。

自分がギブして終わり。

ただどっか、1年後か10年後かわかんないけど、どっかのタイミングで受け取れるタイミングがきたら受け取るだけで。

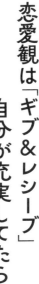

例えばごはん作ってあげたから、お返しにこういうのもらえるかもとか、自分が誕生日プレゼントでこんだけいいものあげたから、お返しにこういうとこ連れてってもらいたいとかっていうのは、見返りじゃないですか。

それしてると、もらえなかったときに「は?」みたいになるから。

ギブ&テイクではなく、「お返ししてくれたんや。ありがとうございます」っていう姿勢。

自分の生き方とか自分のことが大好きで愛してたら、与える方が幸せだなって思ってきちゃったんですよ、私は。

例えばですけど、あんまり好きじゃないタオル商社の仕事しながら、お給料も全然少ないし、ってなったら、やっぱり気持ちにも余裕がないから、あげるよりもらいたいって気持ちの方が多くて。

恋愛してたときも6コ上の彼に年上だから払ってもらって当然だしって、そういうマインドだったんですけど、自分が落ち込んだりしたときに、どうやったら自分が立ち直れるかとか、自分の性格をすごいわかってきたときに、与えてあげてるときの方が自分は幸せなんだなってことに気づいたんですよね。

そしたら、彼氏に限らず友達にもそうですけど、あ、お返しいらない、だって私があなたのこと、ほんとに頑張ってるから与えてあげたい、与えてあげたいっていったら上からっすけど、シンプルにこれ使ってほしいとか。そういうマインドに切り替わってたんで。

結局なんか自分の人生に不満があるうちは絶対ギブ&テイクになっちゃうと思うんですよ。

だから誰かに幸せにしてもらおうじゃなくて、自分が幸せだから与えられるじゃないですか。むちゃくちゃ腹減ってて、チョコレート10粒しかないってなったら、もう10粒全部食べたい、けどチョコレートの前に私くさるほどいい飯食ってきてます。10粒か〜、食べきれないし、でもこれおいしいからな、食べてほしいなってなったら、3つくらい自分が食べときゃ7つあげれるな、みたいな。その7つのチョコレートのために絶対お返しちょうだいね、みたいのって違くないですか。

でも基本的には返してくれると思いますよ。恩仇みたいな行動する人は、その人自体に難ありだと思いますね。

去る者追わずです。素敵な人はくさるほどいるんで。

独りになるのが怖くて難あり男から離れられないっていうのは、だからやっぱり自分の人生生きてない人が結局すがっちゃうし。

別れ際にすがるほどみっともないことないと思ってるんで。そこはもうブレずにスパッとですね。

でも、日本に帰ってきてから日本人の彼と付き合ったんですけど、自分軸過ぎて一緒にいる意味わかんなくなっちゃって別れましたね（笑）。

今は彼氏いないっす、芸人になってからはいないっす。丸2年。恋愛もしてないんで。

ほしいとか、全く今思ってないっすね。

すごい好きな仕事してて輝いている自分を見て好きになってもらえるのが一番幸せだと思ってるんで。好きなことやって充実してたら魅力的に見えるんじゃないかなって思ってます。

いいなと思った人には好きって言ったらええやん♡ 男の人もやっぱり負け戦できませんから

もし、いいなと思った人がいたらすぐアタックしますけどね。

っていうか好きって言います。告白みたいのはしないけど、「そういうのむっちゃ好きやわ」みたいな。「さっきのあのタイミングでのツッコミ、めっちゃ好きやわ」とか。

こっちは別に付き合いたいって思って言ってるわけじゃなくて、普通に言ってるんですけど。好きって別に言って悪いことじゃないから、言ってたら向こうから来てくれるようにはなりますよね。

いやほんとに、好きって言ったらええやん。男の人もやっぱり負け戦できませんから。

この子、俺のこと興味あるのかなって思えないと来れないじゃないですか。

そんなしょっちゅう人のこと好きになるわけじゃないから、せっかく好きになったんだったら、どんどんいったらいいっすよね。いつ死ぬかわかんないし。

初デートは朝か昼！　やたら夜にこだわる男はアヤシイ

初デートは基本ビーチヨガとか行ってました。

初デートで夜ごはんはないっす。

そのまま1回目でそうなっちゃうパターンあるじゃないですか、飲みに行っちゃうと。お酒入らない状態でちゃんとしゃべりたいっていうのがあって。

モーニングコーヒーしに行こうとか。

向こうが夜ごはん食べに行こうって言ってきても、全然予定ないのに、ごめん、夜予定あるから朝か昼だったら行ける、そこしか行けないって言ったら、興味ある女にだったら合わせてくれると思うんで。予定に関しては、男性に決めてもらってるようで実は自分の意見むっちゃ言うようにしてます。

それでもやたら夜にこだわってきた男性はもう連絡とらなかったっす。やりたいだけちゃうんって。

好きなタイプは「一緒に長旅できる人」成田離婚より事前にコスタリカですよ！

好きなタイプは、分かりやすく言うと一緒に長旅できる人。それってやっぱり社交性もそうだし、金銭面もそうだし、長旅すると、人ってみんな色々出ると思うんですよ。例えば初めての国行って、現地のごはん絶対食べたくないって人もいるじゃないですか。私はそういう人無理だし。

旅を一緒にするのオススメです。韓国や台湾くらいのとこに2泊3日とかじゃなくて、2週間コスタリカとか、ゴリゴリの海外がいいですよ。そこで、あ、この人とだったら多分楽しくいけるなって人が相性いいと思う。

成田離婚より事前にコスタリカですよ！

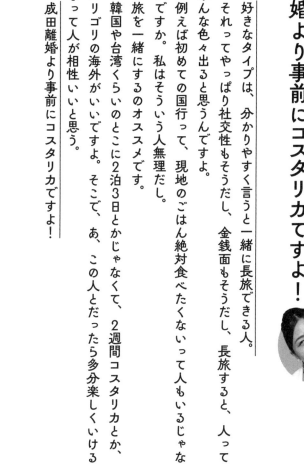

③ メンタル・コントロールについて

いやなことがあっても、これが続くわけじゃないしな、って思う「今日は悪い日ってだけ、悪い人生ってわけじゃないよ」

前にも言ったけど、エミレーツ入って1年半くらい経ってからですかね、ドーンと落ち込んだことあって。

とことん落ちるまで落ちたというか、普段は料理するのに、もう毎日Uber Eatsして、毎週2回お休みの日は必ずジム行ってたのが全然行かなくなって、何もしたくない、フライトも全然楽しくないみたいな状態が3か月間続いたんです。

それってアイルランド人の男の子とデートしてすごい揉めちゃったりとか、扁桃炎になって体がすごいしんどくなったりとか、仕事での不満も、その頃はまだハッキリNOが言えなくてため込んでたのが爆発しちゃったりとか、色々なことが一気に重なったときで。でもなんか落ちきったら落ち着いたというか。

そのタイミングで久々に大阪フライトが入って、で、大阪帰って、なんかちょっと気持ち切り替えられたというか。家族に会えたことが大きかったと思いますね。

辞めたかったら辞めてもいいんだ、みたいなマインドにもなったし、あとは、会社のベネフィットを改めて意識したというか、母と一緒に夏休みスペイン旅行しようって企画もして帰ってきたから、楽しみができた、頑張る理由できた、みたいなので切り替えられたってのありますね。

今はマジで落ち込まなくなりましたね。やっぱCAって特殊な仕事だし、体も不調がたまりがちだし自律神経乱れるし、ホルモンバランスがくずれるからメンタルおかしくなりがちだったんですけど、今はそれがないから。

ってなったら、やっぱなんか、ずっとこの状態続かないって思ってるというか、1週間後には忘れるなって思ってるんです。いやなことあっても。

例えばXとかで「クレイジーココ全然おもんない」ってコメント来ると、そのときはむっちゃヘコむし、あ、こういうこと言う人いるんだって芸人始めたときは思ったけど、いやでも、これ私1週間後憶えてるかな、って思ったら、憶えてない。

多分私の方が幸せって思うようにしてます。他人にマイナスなこと言うこのタイプの人とは同じ土俵にいない、と思うようにする。

一般の人でも、仕事でいやなことあって落ち込むってなっても、人生そんなもんじゃないですか。うまくいく日もあれば悪い日もあるし、たまたまその日が下がり気味の日だっただけで。

ジョニー・デップの名言で「It's only a bad day, not a bad life.」ってのがあるんですけど、

「今日は悪い日ってだけ、悪い人生ってわけじゃないよ」

この言葉にめっちゃ救われてます。

ほんとに自分のメンタルさえしっかりしてれば、ヘコむ日数は減らせるわけじゃないですか。

すごいネガティブ思考で、「私なんか」「明日も会社行きたくない」「周りから

どう思われてるんだろう」みたいな状態が3日間続く人と、言われて腹立つな、寝て忘れよう、明日は頑張ろうって切り替えられる人だと、絶対後者の方が残りの2日間得して生きてると思うんですよ。

誰もそんなに気にしてないやんって思うようにしてるっていうか。

1週間後もこの苦しみとかこの腹立たしさを同じ熱量で憶えてるか、いいえ、憶えてません。じゃあもう明日には忘れます、みたいな風に思ってる。

自分が正しいと思うことを精いっぱいやってれば人の言うことに振り回され過ぎないで済む

この間もお仕事終わった後に、私はまだ現場に残ってて、そしたら開いたドアの奥でスタッフさん同士がしゃべってるのが聞こえてきちゃったんですよ。
「ココさんのアレはもうちょっとこうこう」って、ネガティブなこと言ってたんで、「なんか言うてはるな～」って思ったから、行ったんすよ。
「すいません、聞こえちゃったんですけど。どういうことですか。私にもちゃんと共有してほしいです」「品がないって言葉をおっしゃってたんで、具体的にどこかを教えてくれないと、多分私同じことを明日からもします」って言ったら、「関西弁が、僕たちは関東出身だから、僕が関西弁に慣れてないだけかもしれないけど、品がなく聞こえる可能性もあるのかな、と思ったから」

正直ヘコんだんですよ、そのワードチョイスに。

けど、表情もあるし、ちょっとボケたりもできるから、わざと品なくやってるっていうのがあったけど、ほんとに私だけが損する可能性もあるってことを汲んでのアドバイスだったんですよ。それがわかったんでいいですけど、でもやっぱ帰ったあとも、いや品がないみたいのちょっとショックやわ、あの言い方、みたいな。

しかもこっちは前回出演したときに別のスタッフさんに関西弁強めに出してって言われたからやったのに、どうすればいいの、と思いながら。

もうヘコんで帰ってきたけど、ちょっと待てよ、と。

それぞれ言うこと違うから、もう、好きにします！ってなったんですよ。で、落ち着いたんですね、1回。

じゃないと、今日はこの人に合わせて、次の日はあの人に合わせてってやってると、え？ 自分て誰でしたっけみたいになっちゃうから。

だから会社でも、例えば営業さんが言うこと違えば経理の人の言うことも違うってあると思うんですけど、でも全員に合わせてらんないから、とりあえず自分が正しいと思うこと一旦やればいいんだと思います。

最悪その責任者、会社で言えば社長が「おまえコレ違うぞ」って直接言わない限り、ありなんじゃゃん？って。

その仕事の件に関しては、めちゃめちゃ準備して、睡眠時間も削って、すごい向き合ったときのことを言われてたんで、それはもう、そっちには気ぃ回らないよ、私はこっちで精いっぱいだったんだからって、自分を正当化していいね、こはって思う部分があったんですよ。

それがもしなかったら、何も頑張ってないのにむちゃくちゃ言われたら、そらおめー頑張ってないんだから歯向かうことできないよなってなるけど、いやいやすいません、ここは私めちゃめちゃ頑張ったし、それあなたたちも評価してくださってましたよね、だったらプライオリティここだったんで、あなた方が言ってるここに関しては、ちょっともう二番手っすわ、みたいな。

そこでの順位づけが自分でできるから。

仕事は精いっぱいやってるっていう前提のもとでの話です。

長い目で見たら、1本の30センチ定規として考えてみたら、失敗なんて1ミリにもならない。ロングタームで見てください

結構他人に期待しちゃってた部分が会社員のときあって、自分っておっきな組織の中では捨て駒でしかないし、100%の仕上がりのうち、ま、80%くらいしかできなくっても、残りの20%はチームで埋めたらいいかなみたいな甘えも正直あったんですけど、今ってもう自分が全部やらないと自分の責任じゃないですか。

ってなったら、今ってまだ2年目だし、まだ若手なんで、失敗許されるって思ってるから、トライ&エラーで全部やってって、多分そうやっていったほうが一番近道だし、実際に違ったところで、いや違いますよって言われたら、じゃあ次からこうしようっていう風に工夫できるんで。

自分の使える立場は前面に出して使っていいと思う。

もし新入社員の人とかがいれば、今は全然失敗していい時期だし、逆にその失敗になんか言ってくる人がいたらそっちが間違ってるんで、いや今まだ新人なんで、って全然言っちゃっていいから。

長い目で見たら、1本の30センチ定規として考えてみたら、ちょっとした失敗なんてもう、1ミリにもなんない、チョンにもならないと思ってて。

1回の失敗とか挫折で、みなさんすごい真面目なんだろうけど、みんなに迷惑かけたとか、そういうことで動き出せない人多いかもしれないですけど、いやいやみんな通ってるから。

ロングタームで見てください。

ポジティブ思考って毎日ハッピーってことじゃない　いやなことがあったときに切り替えて引きずらないこと

ポジティブ思考ですねって言われることとメンタルコントロール上手ですねって言われることってイコールで結びついてると思ってるんですけど、ポジティブ思考の人って常にハッピーで元気いっぱいって思われがちだけど全然そうじゃなくて。

ただ私がポジティブと言えることがあるとすれば、ほんとにただ引きずらないってことなんですよ。いやなことあっても次の日には切り替えられるし。

いやなことが起こった場合も「あ、こういう運命だったんだな」って無理やり自分に都合のいいように解釈できるんですよ。

例えば1回目エミレーツ落ちたときも母が胃がんだったりして、実際受かっても行けなかったから。

例えばこの仕事でこういう失敗したのも理由があったんだなとか。

そういう自分に都合のいい解釈をできる人は強いと思います。切り替えってことに関しては。

不安には2種類ある。漠然とした不安と実は自己責任の不安 自己責任の不安は絶対「3WHY」をやってみて！

不安って2種類あると思ってて。

1個目は漠然とした不安。うまくいくかなぁ〜、はぁ〜〜みたいな不安と、2個目は実際掘り下げてったら「あれ？ 自分の責任やん？」ってなる不安。

ココ調べで、自分の中の説ですけど。

前者の漠然とした不安って、結局夜になんか色々考えてまうじゃないですか。それは、もう幸せホルモンのセロトニンの分泌がやっぱ減ってしまってると。あれって太陽光浴びることで脳から分泌されるやつやから、夜って減ってくる。夜考えてもいいことないんですよ。そういうときは、「あ、セロトニンくん減ってきてるな」みたいな。「今考えてもムダ、寝よ」、これでクリアしてます。

で、後者は、「これさ、自分が色々やるべきことやってないことから来る不安やったやん、掘り下げてみたら」ってパターン。

それに関しては、例えばやけど、自分との向き合いが足りてない。

例えば就活中、なんかやたらと不安やったら、考えてみたら「私、エントリーシートやろうと思ってたけどできてない」とか。

面接行って落ちたけど、なにがあかんかったんかなっていう後からのフィードバックを自分自身でやれてないとか。

「あれ、結局自分の責任だったたじゃん、具体的に対処すればいいじゃん」みたいなことがあるんですよ。

私がやってたんは、「3WHY（なぜなぜ分析）」。自分に対して少なくとも3

回なぜ？　を繰り返して掘り下げる。

なんで私これ不安なんやろ。あ、なるほどね、全然企業研究できてなかったわ。なんで企業研究できてなかったんやろ。この案件、滑り止めって言ったらアレやけど、あんまちょっと魅力的に思えへんかったから、結局気分乗らんかったんや。で、どんどん掘り下げてったら、あ、落ちたけど結局興味ないとこやったから、まあえっか、みたいな。ポジティブにも考えられるようにもなるし、逆にそれがすごい入りたい会社やったけど、掘り下げってったら自分が他のこと優先しちゃってて、結果準備が足りてなかったなっていう気づきにもなるし。

なんとなく不安、を具体的にしてくことで自分が対処すればいい問題にできる。もう３ＷＨＹ、絶対やって。

１個目ぐらいでみんな止めがち。「あーそっか、準備する時間がなかったからだ、次からがんばろ♪」みたいな。ちゃうちゃうちゃう、ちゃうて！　足りひんから。なので、その不安が前者なのか後者なのかっていうのを、まず見極めて行動するようにしてください。

何度も言うけど、雨の日と曇りの日と夜は考えたらアカン。

ココロって食べて動いてちゃんとしてたら、勝手に整うよ? 落ち込みやすい人は自分の食生活見てみ?

あと食生活悪い人、フツーにメンタル悪いっす。

友達に朝イチでモーニングクッキー食べてる子がいて。その子、恋愛で浮き沈みが激しかったり、ステイタス重視で男の人も条件で選んじゃったりして結局うまくいかなくて、よく泣いてたんですけど、その子の家泊まりに行ったら、朝ごはんにチョコチップクッキー出されたんですよ。

おめー、朝イチの空っぽの胃でこれ食うん? みたいな。その子、小食のデブって自分のこと呼んでて、デブじゃないんだけど、ほんとに私の半分くらいしか食べないのに、食べるものの内容悪すぎて。お菓子で育ってるというか。

それが何年か経って、ちゃんとした人と巡り会って、同棲して食事も自分で作るようになって、めちゃめちゃメンタル健康になりましたね。もうすぐ結婚するんですけど。

いやほんと自分の食生活、ちゃんと見てみ、って思います。

自分が落ち込みやすいなと思ってる人。
あと、運動してますか?って。

ココロって食べて動いてちゃんとしてたら、勝手に整うよ?って思います。
やっぱり自分に自信が持てるんで。ちゃんとしたもの食べて運動してると。

私、エミレーツ時代に落ち込んでUber Eatsばっか、30万くらい使ったと思うんですよね。もう3食Uber Eatsみたいな。しかも、やっぱそういうときってジャンクに走っちゃう。それでますます悪循環。すさんだし、めっちゃ食べてるのに元気にならない。ずっと眠たいし体が重たいし。

やっぱ自炊ですね。無心で千切りするとか、今はそういう、料理してる時間でクリアなマインドにできる感じ。

自炊にしてコンビニごはんを止めてみて、「あ、今まで体調悪かったんだ」って思った

メンタルヘルスと食生活は密接につながってると思うんで、ちょっと私の今の

食生活についてお話ししますね。

大前提として今の人たちは便利なものをチョイスしがちじゃないですか。

忙しいがゆえに、添加物とかめっちゃ入ってるコンビニのごはんとか摂っちゃうと、私もそうしてた人間なんで、今でこそわかるんですけど、体の調子悪かったんだ、と思ったんですよ。

自炊を心がけてコンビニごはん食べないようにしたら、あ、早く起きれるやんとか、体疲れてないやんとか。

たまに久々にコンビニのお惣菜とか買って食べると、「え、味濃！」みたいな。

やっぱり自分の体って、口に入れたもので作られるじゃないですか。

ってなると、自分が目で見て、どれだけの調味料が入ってて、味付け自分で変えられてっていう、それ以外安全なものないじゃん、と思っちゃったんですよ。

あと、私、お肉アレルギーになっちゃって、ペスカタリアン（植物性食品、卵、乳製品、魚介類を食べ、肉を食べない食生活を送る人のこと）なんですけど、乳製品食べるとお腹が弱くなっちゃうって昔からあったんで、乳製品も止めたら、あれ、最近胃もたれしてない、お腹くだしてないなって気づいて。

みんな止めてないから変化知らないだけで。

実際今日お腹はってんなーとかっていう日あるじゃないですか。その原因多分普通に食べ過ぎか、で終わってたと思うんですけど、え、ミルク飲まんかったらこんなにお腹はらんのや、とか。

なにか思い当たるもの止めてみたら、今まで体調悪かったんだ、って気づくことあるかもしれませんよ。

そもそも私、父は早くに病気で亡くなってるし、母も病気がちで、その2人の遺伝子受け継いでて将来病気になるだろうなって意識で生きてるから、なんか努力しないと、若くで大病したらどうしようみたいのがあって、人一倍健康に気を使ってるのはあるんですよね。

プラス、やっぱり海外、ドイツとかオーストラリアとかって、めちゃめちゃ食に関して進んでるんですよね。ヴィーガンもそうだしオーガニックもそうだし。そういう一緒に働いた友達や同僚の考え方とか食生活とかを見て、ちょっと知識が増えたかなってのはありますね。日本だけにいると、無形文化遺産・和食ってなると日本のごはんは体にいいんだって植えつけられるじゃないですか。

でもいろんな国の食べ物に触れてみて、いろんな人に触れてみて、こういう考え方、価値観あるんだって視野が広がりましたね。

人生からストレスを減らすには「なにをするか」ではなく、「なにをしないか」

なにをするかではなく、なにをしないか。

これを意識することで、めちゃくちゃストレスが減るんですよ。

「ココさん、35から芸人目指して、人生めっちゃ楽しそうです。やっぱ好きなことしてるってほんと素敵ですよね」ってフォロワーさんに言われたりして、ホンマそうやねんけど、でも私は、好きなことをしているから幸せっていうよりもさらに、いやなことをしてないから幸せなんですよ。

どういうことかっていうと、例えば今まで色々仕事をやってきてわかったんですけど、自分は営業職、むっちゃいやなんです。だからしないで済む道を選んだ。

あと、自分で言うのもアレなんですけど、私仕事するのめっちゃ早いんですよ。

すごい効率いいねん、他の人に比べて。ってなると、終わってない人の仕事が回ってくる。ま、いいよ、まだ時間早いし、手伝える分は手伝うってやってたんですけど、でも、それをしたからってお給料が上がったわけじゃないやん？　自分がすごく効率良く働いて他の人より仕事してんのに、なにも還元されへんのや、ってなったときにアンフェアなことに気づいて、もうそういうの止めようって思って。困ってる同僚を助けたいって気持ちはあったけど、もう無理して助けんとこ、自分に無理さすのやめよ、って意識に変えていったんですよね。

仕事以外でも、例えばLINEをマメにするのが苦手。だから今、私がすぐ返すのは仕事の連絡一択です。

後からは返しますよ。友達とかに対してはごめん、ちょっと忙しかったから返すの遅くなったっていう風に返してるけど。マネージャーからの連絡、吉本からの連絡、それ以外は瞬時に見てません、もう。友達も家族も緊急のことあったら電話してくると思ってるから。

なので、LINEまた来た、返さな、っていうような、そういうのはしてません。それによってストレスがなくなり、本当に楽しい人生歩めてます。

1日は24時間しかないんです。その中で、なにを優先するか、自分で決めて行動していきましょ♡

④ お金について

一番最初にお金がくるわけじゃない ブランドもんより体験や大切な人のためにお金を使いたい

お金を稼ぎたいんだったらこの仕事じゃなくていいなっていう。

今でこそ、YouTubeとラジオとテレビのお仕事で、エミレーツ以上にはもらってますけど、かといってじゃあお金を優先して、例えばYouTubeの案件ばっかり受けたら結構いくけどやらないのは、やっぱ一番最初にお金がくるわけじゃないってのがあって。

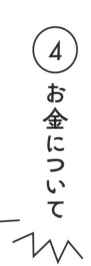

めっちゃリアルな話すると、案件むっちゃ来るんですよ。でも、この商品紹介してくれたら30万入りますよって言われても、金欠だろうが断るようにしてます。PR動画ですよ、みたいな表示出るから、それだけで嫌悪感ある人もいるし、例えば私がプロテインとかジム着のタイアップってなったら、多分イメージが合うから見てくれるんですけど、カバンとか脱毛器紹介とか、全然関係ないものやっても嘘っぽくなる。1回やったんですけどね、やっぱやらなきゃよかったなと思っちゃって。

最近芸人さん以外の方とお仕事させてもらうことがある中で、俳優さんとかアイドルの方とか、いくらもらってるか知らないですよ、知らないですけど、やっぱ稼いでるわけじゃないですか。お金の価値観、生活水準が、私がここだったら彼らはあそこってなったときに、じゃああそこになりたいか、ってなったらそうじゃないなと思ったんですよ。

っていうのも、私、自分の家族とか大切な人が困ったときに、300万必要なの？　じゃあわかった300万あげるね、ぐらいの貯蓄があればいいと思うんで。自分がじゃあ仮に1億稼げるようになったからって、家賃100万円のとこ住むかっていったらそうじゃないし。

だから私の今の家賃、もともと会社員してたときの家賃からちょっとしか上がってない。けど、その代わり毎週大阪に帰る交通費って考えると12万くらいかかるから、家賃プラスその分のとこ住んでる気持ちではいるんですけど。

だから自分のために使ってるわけじゃなくて、お母さんに会いたいとか。

今月こんなに入ってたか、みたいなときもプラダのバッグ1個買おうとか全くならないし。

お金入ったら、それこそ先日、お母さんと熱海旅行に行ったんですけど、1泊10万ぐらいするとこなんですよ。そういうとこに使いたいです。経験にお金使いたいというか。

プラダのバッグ、可愛いカゴバッグ出てたんですよ、20万くらいの。可愛いな、けど、今月に関しては、今ここで私がプラダのバッグを買う余裕はあります、でも来月わかりません。プラス、今のクレイジーココがプラダのカゴバッグ持ってたら世間はどう思うだろう。調子乗ってるなってなるから買わないし。買ってじゃあ、その翌年も同じ熱量でこのバッグ可愛がるか、可愛がりません、ってなるんですよ。

でも旅行とか20万円で体験できるものってなると話のネタにもできるし、で、1年後、親とあの熱海旅行よかったよなぁっていう思い出話にできるじゃないですか。

極論ブランドバッグを何個持ってたって死んだとき天国へ持っていけないから。だからブランドもんは私持たないんですよ。

投資とかも、積み立てNISAやるぐらいですね。60歳くらいになったときに、2000万ぐらいあればいいなってだけでやってるんで。私数字めちゃめちゃ弱いんで、FXとか株とかっていうのは間違いなく大損するリスクしかないと思ってて。

お金お金っていうマインドじゃないですね。家族と一緒に過ごしたいとか、このタイミングでこの人と過ごしたい、で、おいしいごはん食べれて楽しい時間過ごせて、みたいなのが一番幸せだと思ってるから。すごい豪華な5つ星のホテルに旅行したいとかないし。

ま、そりゃ10億当たったらうれしいですけどね、サマージャンボとかで。ほんと全身ブランドでガッチガチの人とかきついな~と思うんですよね。さんまさんとか千鳥さんとか、ずっともうテレビ出てます、みたいな方がブランドもん着るのは全然いいんですけど、え、ぽっと出で、そこにお金使っちゃうんだ、みたいな。

全身ブランドみたいな港区女子とかもごめんなさいだし、男性でもブランドロゴばーんみたいのキツイキツイって思っちゃう。女子でも男子でもユニクロのTシャツでおしゃれに着こなしてるみたいのがホントのおしゃれだと思うから。そういうこともあって、全くそっちにお金使うとか見栄張りたいとかないっすね。

見栄がそもそもないかも。

それこそ自分では買わないけど、もうすぐ私のマネージャーが誕生日なんですよ。23、24の子なんですけど。よくわかんないところの名刺入れでいつも名刺交換してるから、シャネルが好きって言ってたんで、シャネルの名刺入れをプレゼントしようかなとか。そういうところにお金使いたいですね。

私は、結構海外とかもう行けたし、ほしいものは全部お母さんから与えてもらってた身なんで、お母さんも「あんたができることで人を幸せにできるタイミングがあるんだったらやってあげなさい」って言ってるし。

ケチな人はやだ。飲み会で1人5000円に「私、全然飲んでないんだけど」いやいや、この空間にお金払おうよって

ケチな人ってキモイ。ホンマキモイと思いますね。

過去に付き合ってた彼氏の中に、めちゃくちゃケチな人がいたんですよ。私、別に彼のお金で生活してたわけじゃないのに、いちいち「それっていくらだったの?」とか。

やっぱ金銭的な面で価値観合わないと無理っすね。

私はそのとき年収500万だったら、これをどうやったら1000万にできるかっていうのを考えるタイプなんですよ。でも彼はこの500万の中で、いかに支出を減らしてセーブしていくかっていう。

彼の目標としては60前までにリタイアしてその時に1億たまってる計算で投資してたんですよ。だからもう給料の8割くらいは投資に回してたんで。

でも私は、今後一緒にいるかもわかんないあんたの勝手なライフプランのせいでなんでこっちまでケチケチした生活を送らなきゃいけないのって思っちゃって

て。金銭感覚の違いがありすぎて、ダメだなと思って。

私がプレゼントしたものを、メルカリ売る用ボックスに入れたりとか。結婚式の引き出物とかも基本的に、ティファニーのグラスってなったら帰ってきてすぐメルカリ（笑）。あ、こんなにも合わない人だったんだ、ってそこで思って。それがきっかけで別れたんですけど。


やっぱ男性でも女性でも、例えば飲み会で、1人5000円です、「え、でも私全然飲んでないんだけどな」とか言う人、
いやいやいやいやいや。この時間と楽しい空間にお金払おうよって。

ケチな人は男女関係なくほんとにやだ。

お金は天下の回りものじゃないっすか。人のためにお金使えない人って結局成功しないし、その人の周りに人って集まってこないから。

全部おごれとかそういうことじゃないけど、今ここの楽しい空間、みんな忙しい中で休みをこうやって合わせて2時間、のための5000円やん、って。

そういうマインドで食事できない人はマジで心もケチ、心もブスだな、って思っちゃいます。

⑤ 美容&メイクについて

メイクも自分軸。自分のコンプレックスを知って自分に合うことをやるのが大事

こんな顔なのに北川景子さんみたいなメイクしても全然映えないし、自分がどういう顔の種類でどうすれば映えるか研究してます。

例えば私アイライン目尻にしか引いてないんですよ。まつ毛の密度が高くて、全部引いちゃうと逆に目ちっちゃく見えるんですよ。自分がどういう目の形で、とかっていうのはすごい研究しました。浜崎あゆみさんみたいな太めのアイライ

ンが似合うかっていったら、そこまでの目の大きさないから似合わないしなみたいな。

コンプレックスは少なく見えた方がいいと思ってる。

自分のコンプレックスを知って、全然言っちゃっていいというか、例えば丸顔がいやだから、どういう風にシェーディングをメイクさんに入れてもらったらいいのかとか、いろんなことを試してみますね。

シェーディングとか難しそうだったんでやったことなかったんですけど、テレビで観たとき、あ、全然違うわってなったんですよ。自分でメイクしたら、いつもより膨張して見えてたけど、鼻の筋とか影入れてもらったら全然違うってなったんで、ちょっと安めのキャンメイク５００円のとかで試してみて、練習するのが一番いいと思いますね。

コスメは高けりゃいいとは思ってないです。アイシャドーとかアイラインとかマスカラとかは基本１０００円台のもの。

練習あるのみ、やったらいいじゃんって。お金の価値って人によりますけど、１０００円ぐらいのやつだったら別に試せるじゃないですか。それで試せないって言ってる人は、じゃランチ１回我慢したらって。お金なんて自分で捻出するもんだから。そこまで変わりたくないってことですよね、で終わっちゃう。

メイクのテーマはいかに内に内に寄せられるかみたいな。丸顔で、目と目の間が離れてるんで、どんだけ中央に寄せれるか。

ってなったら、お手本はやっぱり外資系のCAかな。外国人ですね。

エミレーツはこういうメイクしてくださいっていうデフォルトがあるんですよ。例えば赤いリップはこの色番。ピンクっぽい赤じゃなくて、この赤です！　みたいなのが決められてるんですよ。

あとは基本的にゴールド、ブラウン、ベージュのアイシャドー。突拍子もない緑とかブルーとかはダメっていう。

赤リップは継続してますね。華やかさ出るし、血色よくなるし、元気な子に見られるようになったんで。自分で口紅買うときは赤系にしてます。

基本的にアイシャドーとかもベージュ、ブラウン、テラコッタ。

カラー診断で私は「秋」でイエローベースなんで、それに合うカラーを使ってます。ピンクのリップとかほんとにド派手に見えちゃう。基本的にオレンジ系。

眉毛はアートメイク。

1回やったら2年ぐらいはその形でいなきゃいけないんで、賛否両論ありますけど、でも眉毛、別に変えないんで。眉毛のトレンドにものっからないタイプなんで。細眉流行ったときに細眉してたかっていうとそうじゃないし、基本的には丸顔をいかに丸く見せないかみたいな形でやってもらってるから。自分が薄い顔だから、まぶたと目の間隔を狭めたいんですよ。だから下の方に下の方に描き足すっていうのもそうだし。

メイクで一番大事なポイントはマジで眉毛だと思ってます。

スッピンで伊達眼鏡だけかけて外出しても眉毛がしっかりしてるとスッピンに思われないです。

とりあえず早く家を出たいから、メイクはほんと15分くらい。

目指すは「ヘルシー」。結局体がちゃんとしてたら Tシャツにジーパンで映えるから

メイクもヘアも、ファッションもそうなんですけど、基本的には流行りにのってないっす。

でも時が止まってる感じにならないとしたら、自分に合ってるものをやってるから浮いて見えないんじゃないですかね。

だってTシャツにジーパンってもう一生変わってないじゃないですか。昔からあるし、Tシャツ&ジーパンでオシャレな人はオシャレだし。変に余計なもの足してないんじゃないですかね。

留学で行ったオーストラリアの影響はあると思います。

あっちはもうみんなスパッツ、Tシャツ、スニーカーみたいなカッコで動きやすさ重視なんですよね。

で、これでかっこよく着こなせてるんだって結構衝撃だったんですよ。結局、男の人もそうだけど短パンにビーサンで、でもやっぱスタイルいいから似合うん

だなって思ったんですよね。

結局体ちゃんとしてたらTシャツにジーパンとかタンクトップにジーパンで映えるんだな、と思ってから、それをやったほうがかっこいいなと思ったんですよ。

ヘルシーを目指してます。

YouTubeで動画上げたときに、「健康的な体してますね」ってコメントもらったことがあって。痩せてもなければ太ってもないヘルシーな体してますね、みたいな、それ結構うれしくて。そういうことだろうと。

健康ではありたいと思ってます。

寿命でいったらね、今100歳とかいくかもしれないけど、健康寿命っていったら70、80とかなっちゃうじゃないですか。健康寿命100歳ってなったら、いやできること行けるとこいっぱいあるなと思って。年とっても足腰弱くなりたくないなってのがあって、結構定期的にアクティブに運動してます。

健康じゃなくなったら行動すごく制限されるじゃないですか。やりたいこと多かったら健康でいなきゃなって思います。70歳なってから世界1周行きたいなって思ったときに行ける体でいたいし。

筋トレは最近パーソナル・トレーニングに通ってます。

見られるお仕事っていう実感が最近やっと出てきて。ちゃんとしときたいなみたいのがあって、それで始めたんですけど。それも筋力上がってきて体脂肪率減ってっていうのが目に見え始めたらやっぱり楽しい。


運動は運を動かすってめっちゃそうですよ。やっぱ元気になるんですよね。

この間も、仕事終わって家に帰ったの夜中の3時半で、午後1時からジム、起きたら雨すごくて、「寝たい、雨だし頭痛い」って思ったけど、やっぱ行ったらすごい体も熱くなったし、マインドがクリアになるんですよね。それはめっちゃ大事だと思って。


あと1日2ℓお水飲むようにしてるんですけど、運動してなかったら飲めないんですよ、この量。

絶対水っすよね。老廃物流すためにはお水がちゃんと循環してないと。

すべてはつながってると思ってます。


あとは睡眠。絶対なにがなんでも6時間は寝てます。

美容もそうだし仕事のパフォーマンスにもむっちゃ影響してると思います。

そこだけは死守してます。

売れてる芸人さんとか睡眠時間4時間とかでやってらっしゃる方いるじゃないですか。多分私もその世界しか知らなくて、ずっとその働き方が常識だったらそうしてたかもしれないんですけど、一般社会から来て、そういう働き方できませんっていうのがわかってるから。

ギャラもらえても睡眠時間が毎日4時間になるなら断ります。

男性と違うところは生理があったりとかホルモンバランスくずしやすかったりとか更年期早くきちゃったりとかあるから。

自分が居心地のいい自分の見た目でいるためには6時間はマストっていうのはブレてないですね。

引っ越してマットレスを『コアラマットレス』に替えたら、めちゃめちゃ寝れるんですよ。体圧分散がすごくて。私反り腰なんですけど、腰回りのところの中間部分はちょっと固めに作ってるんですよ。でも肩と足の部分は柔らかめに作ってて。マットレスの衝撃吸収もすごいんで、隣で寝がえりうってもこっち側は揺れないんです。

プロの手も借りてコンプレックスはなくしておく
今通ってるサロンはこちら

美容はやっぱりプロの手を借りることもあります。

肌荒れしちゃったな、シミ増えたなってなったら、『湘南美容クリニック』でブチ焼きに行きますし。

湘南は値段が安いからです。肌キレイ、何使ってるんですかっていう質問、たまにありますけど、「レーザーで焼いてっからな」と思ってます（笑）。

スキンケアはソフィーナの高保湿化粧水。これの乳液も塗って。

歯のホワイトニングは結構質問が多くて。『銀座デンタルホワイト』に通ってます。そこで作ってもらったマウスピースでホームホワイトニングもしてます。

あと通ってるのは『銀座ハリッチ』。ここの美容鍼、むちゃくちゃ効き目あります。リフトアップとトーンアップできます。

私、噛み癖があって、右と左ほうれい線の出方違うんですよ。それ美容鍼で電気通してもらうときに、片側の出力だけ強くしてもらったりすると、今日左右割と平行だなってなる。

そこの美容液、お値段はするんですけど、ハリッチプレミアムリッチっていうやつを定期購入してるんですけど、それはもうめちゃめちゃいい。乾燥肌にはこれが一番よかったです。

それとハリッチに、ちっちゃい針が入ってるクリームがあるんですよ。チクチククリームみたいな。マジでリフトアップするんですよ。

しかもハリッチで働いてる人、ほとんど女性なんですけど、「え？ キレッ」みたいな。ファンデーションしてますか、みたいな、みんなむっちゃキレイ。

痩身は『銀座ベリンダ』。

ここはセルライトがちゃんと減ったっていうエコーを撮ってくれるんです。

ほんとにカスタマイズでやってくれるんで、最初体験行って、エコーであなたはここにセルライトが多めです、みたいのを平均と比べてくれて。私はお尻の下のセルライトが一番ヤバイと思ってたんですけど、そこは結構標準で、腰のセルライトがヤバかった。小麦が原因らしいんですけど。実際小麦控えてた時期ってやっぱセルライト減るし。
コース始める前、2か月後、3か月後とか途中経過の写真撮ってくれるんですけど、前腿のハリがめちゃめちゃ取れてて。セルライトバスターで、めっちゃ痛いんですけど。ゴリゴリ揉みほぐすんですよ。でもすごい効果出ました。

コンプレックスに向き合ってなくそうってことですね。

服か化粧か髪型か、どれか1つしか気合入れられないってなったら髪！髪がキレイだと垢抜けます！

シャンプーは市販のは絶対使わないようにしてます。

市販のやつってむちゃむちゃ洗浄力が強いし、せっかくカラーしたのに落ちちゃうから、1か月に1回とかカラーしないと色が保てなくなっちゃうんですよ。でもサロンのやつは色落ちしない弱めの洗浄力でやってくれるんで、2・5か月に1回カラーするぐらいでいけるんですよ。ドラッグストアのとかは安いけど、結局1か月に1回カラー行くんだったら、長い目でみるとそっちの方が高いじゃんってなっちゃって。

あと、洗浄力が強いと必要な油分までとっちゃうから頭皮が「あ、油少ねえ」って油出しちゃうらしいんですよ。それが毛穴つまる原因になるから。ゴリゴリに洗浄力がある市販のやつとかは使わないようにしてて。

美容室で薦められたミルボンの『オージュア』、5000円くらいで結構高いんですけど、これ使ってから髪の毛ほめられることが多くなりました。

本来であれば、このラインで揃えるんですけど、揃えると1万くらいいっちゃうんですよ。で、美容師さんに「どっちかだけ市販使っちゃダメっすか」って聞いたら「いやもう、断然トリートメントは市販でいい。ほんとはラインで揃えてほしいけど、一番大事なのは絶対シャンプー」、もう色落ちする一番の原因がマジでシャンプーってことだったんで、今はオージュアのシャンプーとフィーノのヘアマスク使ってます。フィーノはドラッグストアで売ってます。

シャンプー以外にはマジお金かけてないです。パーマもしないしメッシュとかハイライトとかも最近入れてないし。

ヘアカラーは私、すぐ赤くなっちゃうんで、自分の肌トーン的に赤が似合わないんで、いつも青とかグリーンとかオリーブ多めのベージュ。それ入れることによって色落ちしたときにも赤みが出ないんですよ。

美容室は新宿のヘアサロン。ここのULTOWAトリートメントってやつを半年に1回、これは、もう、おったまげます! 今までやったトリートメントの中でずば抜けていいっす。

服か化粧か髪型か、どれか一つしか気合入れられないってなったら髪ですもん。髪がちゃんとなったら、垢抜けます!

あと確実に乾かして寝る、はやります。これ、髪を傷めないためには重要。

サロンは信頼できる人を見つけるまで転々と Excelで表を作って比較検討したことも

新宿のヘアサロンではミヤビさんて人にずっとお願いしてて。

ミヤビさんはできないことはできないってはっきり言ってくれて、もちろん施術とか技術面でもすごい信頼してるけど、人としてもすごく信頼してます。

サロンの見つけ方は、やっぱりホットペッパーとかで。ホットペッパーアワードを受賞してるとか。あとは口コミを見るとか。

1回渋谷の、インスタとかですごいバズってる男性美容師のところを友達に紹介してもらって行ったんすよ。前髪カットがむっちゃ上手みたいな。すごい忙しい方だったんですけど。なんか自分をすごくカリスマだと思っていたのか……。「この間も来ていただいてありがとうございました」って言うから、「あ、初めてっすね〜」って言ったら、「あれ、お姉さん、関西っすか」みたいな。(あれ、その初めてについては返さないんだ。ごまかしてるごまかしてる)「え、僕京都なんですよ」(なんだこいつ)と思いながら「さっきも言ったけど私初めてなんすよ」ってネタでわざと言ったら「いや〜ほんとにそうなんですよね〜僕のほんとダメなとこなんですけど、ほんとにたくさんの方担当させてもらってて〜ちょっとゴッチャになっちゃうんですよね」みたいな。「知らねーよ」って(笑)。そういう「あーうざいなー」みたいなこともたくさんありつつの、やっと見つかったサロンです。

CAのときはエステサロンに通ってました。

そこに決める前に5店くらい体験行ったんですよ。体験の後って「このまま当日入会していただいたら入会金の1万円かかりません」とか言って必ず勧誘してくるから、そしたら私、Excelの表見せるんですよ。自分で作った各エステを比較してるやつ。感じ悪いすけどね。「あと2つ行くんで今日は契約しません。でも5つ試して一番よかったところに必ず契約しに来るんで」って言うと、もうそれ以上勧誘してくることないんで。感じ悪いなと思いますよ、思いますけど、お金払うのこっちだし。

COCOの行きつけサロンはこちら

SBC湘南美容クリニック 新宿本院

COCOおすすめ●シミ取りレーザー治療2,680円(税込)〜。専用レーザーを肌に照射して色素を破壊し、自然な色味に改善する治療。施術後約2週間程度で改善が期待。※副作用の可能性あり。〒163-1303東京都新宿区西新宿6丁目5-1 新宿アイランドタワー24F 問0120-489-100

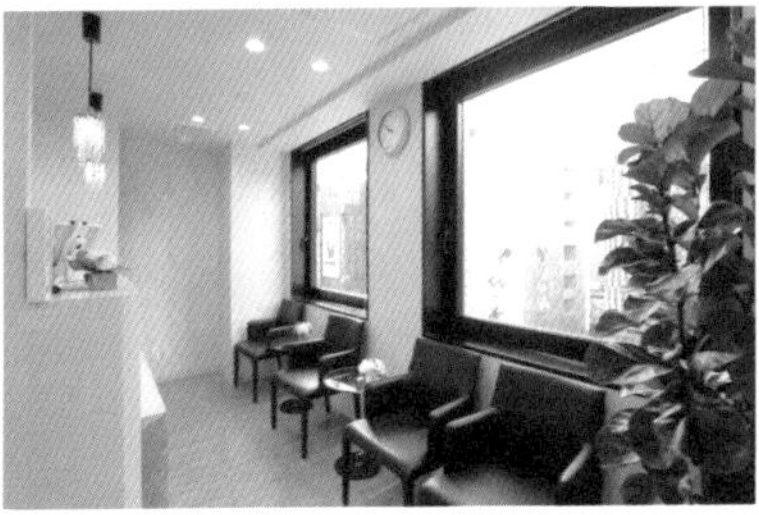

銀座デンタルホワイト銀座院

COCOおすすめ●ホームホワイトニング33,000円(税込)。自分の歯型からマウスピースを作成し、ジェル状の薬剤を注入して一定時間装着する。オフィスホワイトニングと併用することでより効果が期待できる。〒104-0061東京都中央区銀座4丁目3-9 クイーンズハウス6F 問0570-05-4617

美容鍼灸サロン銀座ハリッチ

COCOおすすめ●女優鍼コース14,300円(税込)。「痛くない」にこだわり、お腹・脚の鍼で内臓を整え、顔・頭のツボの鍼で頭皮からリフトアップ。愛用の美容液、ハリッチプレミアムリッチプラスは13,000円(税込)。〒104-0061 東京都中央区銀座1丁目6-15 銀座一丁目ビル3F 問03-5801-5809

BELINDA 銀座店

COCOおすすめ●セルライト集中コース27,490円(税込)。全身を温めた上で頑固なセルライトをローラー吸引&ラジオ波でほぐし、特許取得周波EMSで筋肉運動へ。寝ているだけで体脂肪率減少が目指せる。〒104-0061 東京都中央区銀座3丁目7-2 オーク銀座8F 問03-5524-2800

上●白塗りおばけとプクプクCOCO。 中右●THE 3頭身! 中左●じっとしてられない子供の典型やん(笑)。下●こんなに眉毛逆ハの字なることあるん(笑)?

左頁上右●好き勝手踊ってたらしいわ(笑)。 上左●レッスン後のお菓子の事しか考えてないね。 下●はい、出た、おちょけ〜。

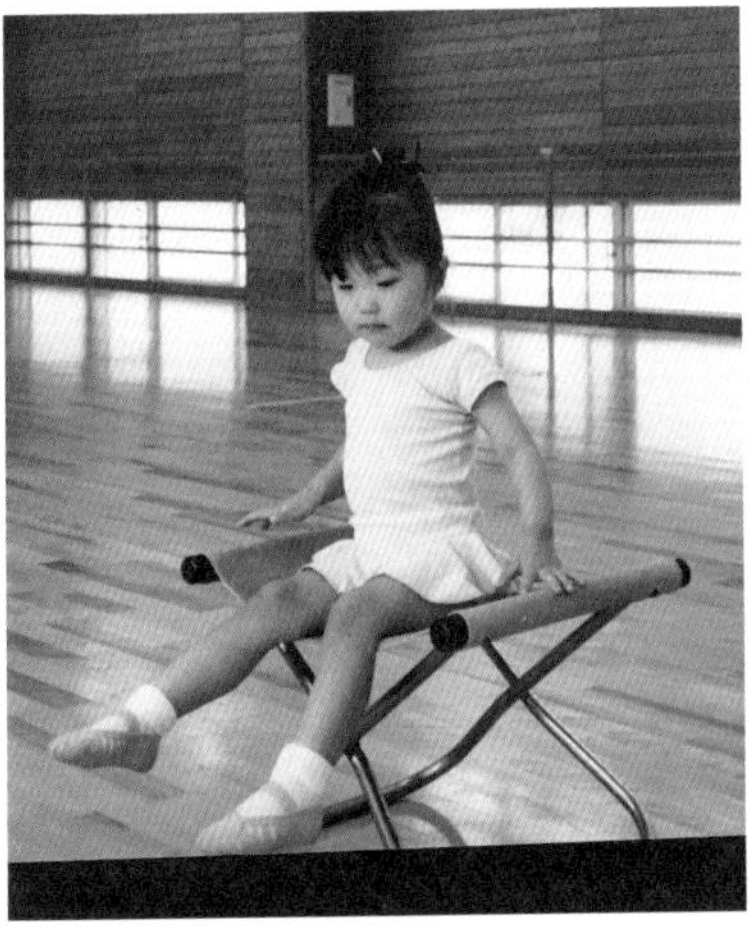

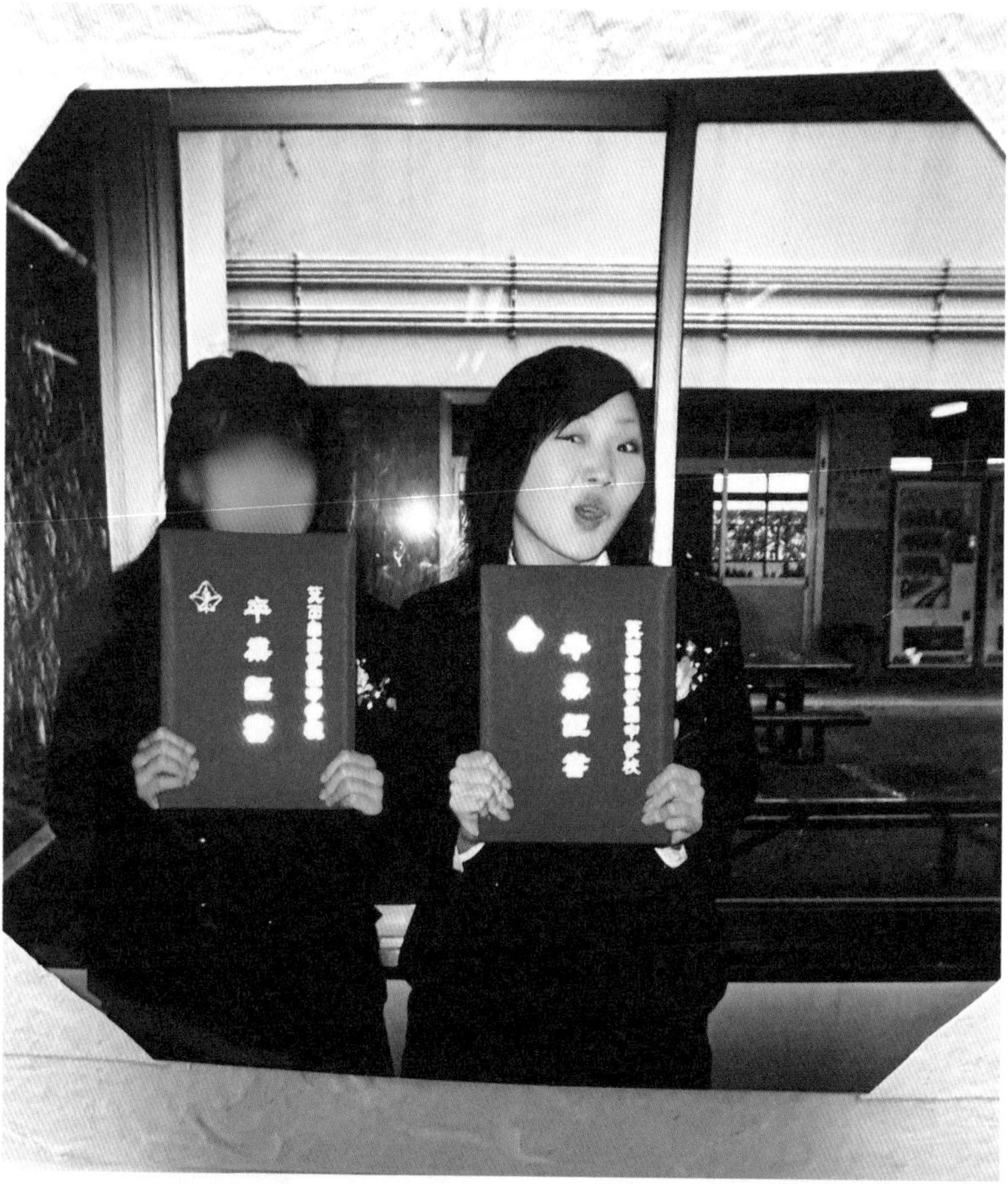
卒業証書
卒業証書

右頁上●顔白すぎひん(笑)？　下右●留学時代enjoyしたな〜！　下左●今でもSNSで繋がっている、一緒に勉強頑張った仲間♡

上●新入社員飲み会三昧！
下●制服で何しとんねん(笑)。

右●CAお受験ザマス。

左頁上右●NYフライトは散財が基本！　上左●ビジネスクラストレーニング合格よっしゃ！　下右●ラストフライトは感動モノだった。下左●最高のクラスメイトに恵まれたトレーニング。

OLD NAVY
TDK
hi,

Congratulations

上右●英語学習コンサルタント同期と定例飲み会。上左●富士山登頂最高! 下右●花金に誕生日祝ってもろてしゃ～わせ。 下左●富士登山、からのコロナ入院はきちい～。

左頁●でもコロナきっかけで『THE W』にエントリーしたんだよな。

ongo & Ancho
MONDAY
MOTIVATION

orion
THE DRAFT

右頁上右●お母さんとベトナムで大ちょけ。上左●2023年1月28日、お母さんのBD in 淡路島。右中●沖縄のお気に入りカフェでイキる。右下●紅葉シーズンの京都デートで初人力車。中●目標にしていた番組にお母さんを招待できたのエモすぎ。中下●2022年1月28日、お母さんのBD in 有馬温泉。左中●念願の沖縄でゴルフ。左下●ペアルックで沖縄満喫。

上●大好きなお母さんの盛れ写真。シンガポール旅行で。

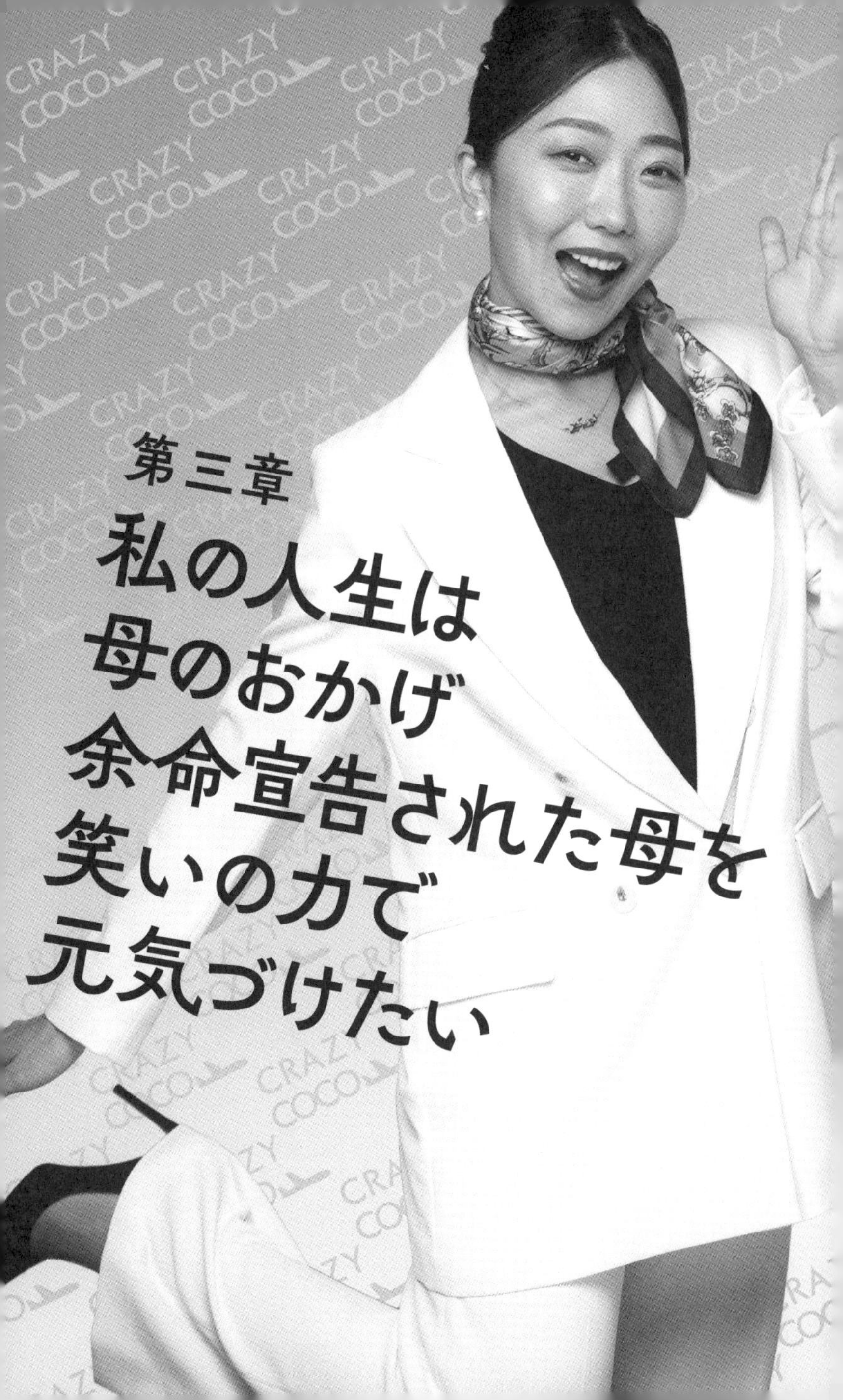

第三章

私の人生は母のおかげ 余命宣告された母を笑いの力で元気づけたい

ALSの父を車イスに乗せて運動会に来てくれた母を一言で言うと〝愛にあふれた人〟

母が去年（2022年）、急性骨髄性白血病になって余命宣告されたんです。

これ言うとむっちゃ暗くなるんですけど、お母さんと一緒に死ねたらめっちゃ幸せだなって思います。ほんとに、いない人生が想像できないっていうか、死んじゃったら生きてけますかって。

飛行機とか乗るとき、縁起でもないですけど、もし墜落して同じタイミングで死ねたらすごい幸せだなと思う。

やっぱずっと一緒に戦ってきた感があって。

私が2歳のとき父がALS（筋萎縮性側索硬化症）を発病して寝たきりになったんですよ。

父の看病は母が8割やってましたけど、そういうのも一緒に頑張って、私も夜中に父の痰とったりとかってこともあったし。

父は余命4年って言われて、私が小学校に入るまで見守れるかくらいじゃないですか、って感じだったらしいんですけど、結果12年ぐらい生きて、私が14歳のときに亡くなりました。

でもちっちゃい時に発病したから声とか全然憶えてない。お父さんの思い出はまったくないですね、かわいそうだけど。ないけど、寝たきりだけど、眼差しとか愛は感じてました。


父が入院してるとき、母が脳腫瘍で倒れたことがあって。2人とも入院してるタイミングがあったんですよ。中学1年くらいのとき。

中1で、え、おかん脳腫瘍!? 物心ついてから、父はいつ死んでもおかしくない状態だったけど、え、おかんが倒れるっていうのはまた別もんやん、ってなって。母も2、3か月入院したのかな。そのときに、今3人で死んだら幸せっていうか、いいな、と思ったんです。

おばあちゃんも一緒に住んでたし、1人になることはなかったんですけど。

私のお母さんは一言で言うと、愛にあふれた人。

友達も「会いたい」とか「またおばちゃん呼んでよ」とか、私以上にお母さんのこと憶えててくれてる子もいたり。

すごい自分からギブする人なんで。ラウンジやってたからっていうのもあると思うんですけど、誰も仲間外れにしないっていうか。ほんとに人が好きで。人と話すのも好きだし、多分いつも人と関わっていたい人なんで。

独立して北新地でラウンジを始めたのは30歳だったのかな。その前は北新地の有名なクラブで働いてて、そこで父と出会い、母が独立するってなったときに、父がサラリーマンやってたんですけど、それ辞めて、2人でお店を始めて。

でも父が売り上げのお金で飲みにいっちゃったりして。もうなんか羽振りがいいから、自分のサラリーマン時代の同僚とか部下とかに奢ったりしてて。

で、まあ、母は「なにやってんの、もう、来なくていいよ。私1人でやるから」みたいな感じで、喧嘩もしながら2人で頑張って、7年目ぐらいに私を妊娠して、そっから2年ぐらい経って、父はALSで倒れちゃったって感じなんですけど。

30で独立してからずっと繁盛してて、バブルってのもあったと思うんですけど、お客さんが途切れないし、母のラウンジ行くのに、もうずっとウェイティングがあって、「いつ行っても満席で、いつだったら入れてくれるの」みたいな時期もあったりして。

それってやっぱり母の魅力だと思うんですよ。

普通、例えば自分の旦那が付き合いでラウンジ行くのを許すくらいはあるじゃないですか。でも自分の旦那がラウンジのママにすごいお世話になってるからって家に呼んで一緒に食事をしましょうとかないですよね。私何回もそういう、お客さんのご家族に例えば旅行連れてってもらったりとかあったんですよね。

やらしい意味じゃなく、向こうは本当に私の旦那のことをすごく大切にしてくれて、っていう。

母がお客さんのことだけを見てるんじゃなくて、お客さんのご家族のことも考えて行動するから。お子さんが生まれたらお子さんのプレゼントも買うし。キャバクラとかと比べてクラブっていうとある程度ハードルも高いし、ちゃんとしたお客様がいらっしゃってるっていう前提のもとっていうのはあると思うんですけどね。

そうやって大黒柱として働きながら、父の看病して娘の世話もして。根性とバイタリティがエグいんですよね。めちゃめちゃ甲斐性あります。

父は要介護認定で訪問介護の人たちも来てたんで、そういう人たちに父の面倒まかせて、私の小学校のイベントとかにも必ず来てくれました。

父を車イスに乗せて、人工呼吸器つけて、運動会見に来てくれたし。

多分病気だから何々できない、っていうことはやりたくなかったみたいなんで。

行事のときも全然寂しい思いはなかったです。

めっちゃ愛情持って育ててもらってた 自分の寿命が30年縮んでもいいから母に10年分あげたい

中学のときとかそれこそ反抗期だったんで、普通に言い合いとかしゃべんないとかありましたけどね。

今でこそ母がすごい頑張ってたってわかる歳になりましたけど、小学校の時とか私、週8個くらい習い事させられてたんですよ。英語、そろばん、水泳、ピアノ、バレエ、習字とかKUMONとか、スケートとか。でもどれひとつとして私が自分からやりたいって言ったことなくて。

母からしたら多分、父病気です、ラウンジ経営してます、子供1人います、大学出てませんとか、色々コンプレックスがある中で、けど娘は立派に育ててますよっていう確証が欲しかったのかなと思って。だから色々私に習い事させてくれたりとかしたんでしょうけど。

私からしたら、自分の自由時間ないとか友達と遊ぶ時間ないっていうので、私に依存しないでよ、みたいな感じで、中学くらいのときに言った記憶があって。誰々ちゃんは全然友達のところに泊まりに行っていいとか、梅田まで買い物行っていいとかあるのに、うちはあそこ危ないからここまでとか、すごい制限がかかってて、それって自分の監視下に置きたいだけじゃん、みたいな。

1回手紙を書いたんですよね。お母さんの思い通りの人生像みたいの押し付けてほしくないし、私を監視することで満たされないでよ、みたいな。お母さん選べればよかったのに、みたいなこと書いて。読んだか読んでないかはわかんなかったんですよ。もうお母さんの部屋にバッて置いといたんで。

でも2日後くらいに、その間全然しゃべってなかったんですけど、「ごめんね」

みたいな感じでお母さんから言ってきてくれて。そこから呪縛が解けた感じがしました。父が死んでからですね。中2で亡くなって、そのあとぐらいかな、そういう手紙を書いて。

高3くらいのときに、お母さんの部屋にアルバムがあるんで、親戚が集まったときに写真見ようってなって、「ノリコ（クレイジーココの本名）、あんたちょっとお母さんの部屋から写真取ってきて」って言われて行ったら、私が今まで書いた手紙をストックしてるクリアファイルみたいのがあって。普通に「お誕生日おめでとう」みたいのもありましたけど、私が一番酷いこと書いた手紙もそこにあったんで、結構ショックだったんだろうなと思いました。でもそこで、言えなかったことを言えたから、絆が深まったというか。

父がいるときは私って二番手だなと思ってたんで。痰とらないと死ぬし、呼吸器不具合あったら死ぬし、しょうがないんですけど。もちろんヘルパーさんとかもいましたけど、なにかと父がファーストだったから。父が亡くなってから初めて親子の時間ができたっていうのがあって。

はじめて海外旅行でサイパン一緒に行ったりとか、そういうことができ始めたのがその年だったんで。いざお母さんと2人の時間を過ごすと、ぶつかることも多くなって、すごい堅苦しぃな、みたぃな。だからその手紙も書いたんですけど。そうしてぶつかった結果、よかったなってのはありますね。

めっちゃ愛情持って育ててもらってたって思います。

1回も否定されたことないんで、いろんなことに関しても。こういうのやってみたい、じゃあやったら、みたぃな。留学のときのお金に関しては、ラウンジが一時上手くいかなくなってた時期で、ほんとに苦労したみたいですけど、自分の保険をなんかうまいことやって出してくれて。そうやってるうちに母の店がまた繁盛し出したんで。

芸人になるって言ったときは、「なにー!?」みたぃな。「でもあんたはもう事後報告やし、やりたいんやったら頑張ったらええやん。ほんであかんかったら辞めたらええやん」って感じでしたね。

ちょっと母、天然なんですよね。今まで違う話してたのに、ま、B型なんで急に自分の話にもってくとか。で、それをもうええって自分の話、みたぃな。ボケとツッコミが成立するから、友達も「ほんとこの家最高やな」みたぃな。

母も見栄とかフィルターが全然ないんで。ノリコが家に連れてくるってことは、すごい好きな友達なんだなってわかってくれていて、だから悪く言わないし。基本的には人のこと、嫌いなフィルターで見る人じゃないから。

マジでデリカシーないな、このおばさんって思うときもあるけど（笑）。歳重ねると余計なこと言うじゃないですか。「マズ！　冷た！　あつ！」みたいな。親戚に久々に会って、ほんと10年ぶりくらいに会ったのに、「肥えたんちゃう」みたいな。「一言目にそれ言う必要ある？」って（笑）。相手全然関西の人じゃないし。

母に言われて憶えてるのは、「全員に好かれることはない」ってよく言うじゃないですか。全員に好かれることはないから、その辺あきらめて生きていけ、とかよく言うけど、母には「全員に好かれることはないにしろ、嫌われるような言動はしないように生きなさいよ」って言われてて。

自分がありのままに生きてたとしても、あんたのこと嫌いになる人は絶対出てくるけど、だからって開き直って、この人のこと私あんまり好きじゃないし、この人にはこれぐらいの態度でいいわとか、態度を変えるようなことはするなよ、って。

小学生のときに言われたの、すごい憶えてる。

小学校のときに運動会のリレーの練習があって、リレーってトラックの内側から抜かすことってダメじゃないですか。抜かすんだったら外側から抜かさなきゃいけないのに、ある女の子に内側から抜かされて、結果、それがなかったら私が1位だったのに、その子のせいで2位になっちゃったんですよ。で、私が「そんなことがまかり通るんだったら本番で私もそういうことやってやるかな」ぐらいのこと言ったら、「それやったらあんたほんとに嫌われるよ。その子は多分知らなくてやっただけだし」って言われて。

友達といやなことがあって、「あの子がこうやったから私もこうする」って言ったら、「いやいやいやそれは違うでしょ」みたいな。

それはずっと憶えてて守ってますね。

あとはお金は人のために使いなさいよっていうのはずっと言ってました。

母は母の妹のためにマンション買ってあげたりとかしてるし。

父は再婚だったんですよ。母は初婚だけど。父には男ばっかり3人子供がいて。父が亡くなった後も、この義理の息子、商売やってたんで結構な大金貸してあげたりしてましたね。

基本的には母が全員の面倒みてた。うちのおばあちゃんもそうだし、母には妹2人いるんですけど、もともとそんな裕福な家庭じゃないから、ラウンジ経営しながら、みんなを育ててたみたいなところがあったんで。

私の生活っていうか人生、母のおかげでここまで来れてるってのがあるから、もしいなくなったら頑張る意味あるかなみたいに思っちゃって。

極論、自分の寿命が30年縮んでもいいから10年分あげたいとか思いますね。

結構普通の親子関係ではない絆があります。

運命共同体みたいな感じなんで。

母は私の前では泣かない 絶対私がいないときに泣いてる

すごい申し訳ないことしたな、自分で自分の機嫌をとれてなかったがゆえに母を傷つけてしまったなってことがあったんですけど。今でもすごい後悔してて。

エミレーツ受かって、もうすぐドバイ行っちゃうからその前に2人でシンガポール旅行行こうってなったんですけど、行きの飛行機がエマージェンシーシートだったんですよ。CAさんの目の前で。あの席ってスクリーンを出すの難しいじゃないですか。母がすごいやりづらそうにしてたんで、やってあげたんですよ。でもその後もずっとなんかゴソゴソやってて、なにやってんの?って。CAさんもすごい忙しそうにしてんのに、「いいですか、すいません、すいません」って。で、シンガポール人のCAさんが「just moment please」みたいな。「あ、じゃ待ってたらいいのね、はいはい」、でもCAさんしばらく戻ってこなくて、母がまた聞こうとしたから、「いやあのさ、空気読みーや。CAさん、戻ってくるって言ってんやから。ほんとそういうとこ気ぃきかんよな!」みたいな感じでバッと言っちゃって。それ言って私はそのまま寝落ちしちゃったんですよ。で、パッと起きたときに、横見たら、母がこう、目を閉じながら泣いてて。

「ごめーん！　きつく言っちゃってごめん」って。

母は私の前で絶対泣けないキャラなんですよね。だからきっとすごい我慢してて……。

今もめっちゃ後悔してますね。あ、泣けてきちゃった。


母が病気になったってわかった瞬間って2、3回あるわけじゃないですか。胃がん、脳腫瘍と。そうなったときはほんとに、しばらくめちゃめちゃ優しく、いつも以上に優しく、語りかけてあげたりとか、連絡もマメにとるのに、じゃ胃がん手術成功しました、脳腫瘍もうまくとれました、で、いつもの生活に戻りましたってなってしばらくしたら、やっぱりイライラしちゃう瞬間とかあって。

母は機嫌の悪さを誰かにぶつけることとか全くないんです。一言多いとかデリカシーないことはありますよ。けど、自分の機嫌とか怒りとか感情にまかせてなにか言うみたいなことは1回もない。自分よりも先に相手、みたいな。

自分の病気がわかったときもさらっと言ってましたね。

「でも、お母さん死なないから」って。

脳腫瘍のときも胃がんのときも、腫瘍とかがんとか、病名だけ聞くとパンチあるけど、お母さんは早く見つかってて、すごいいいお医者さんに診てもらえてるから、死なないから大丈夫、って。

一人っ子だしもう父がいないから、母的には多分めちゃめちゃ、もし自分が今死んだらどうしようってのは思ってたと思うんですけど。

でも私の前で脳腫瘍になったからとか胃がんになったからとかで泣いたことないです。

絶対私がいないときに泣いてるっていう。

母が闘病してるタイミングで私がお笑い芸人になったのは運命
笑いの力で元気にしたい

今74歳ですかね。37の時に私を産んだんで。10年ぐらい父と一緒にいたけど、全然妊娠できなくて、引っ越して環境変わったらあんたができたっ

て言ってましたね。養子をもらおうかくらいまで言ってたらしくて。

今白血病は一応寛解したんですけど、去年の4月くらいか、病院の先生に、この治療がうまくいっても、データ上は14か月から33か月の余命ですって言われたんですよ。この抗がん剤の治療自体、始まったのが最近で、日本のデータで言うと、33か月を最後に生存者はいませんって言われて。「ほう……」みたいな。

でもたまたま、アメリカにいる親戚の友人が全く同じ病気で、同じ治療をして、余命何年って言われてたけど、今普通にゲートボールしてるで、って言われて。「日本のデータは知らんけど、海外ではこういうデータも全然あるし、そのタイミングであんたがお笑いやってるっていうのは、お医者さんとか薬では治療できない部分、心の部分をきっと一番笑いの力で元気にしてくれるものだと思うから、余命と寿命は違うし、気にしてたらあかんで」って。

確かにな、みたいな。父も4年と言われた余命を12年生きてるし。

ただ色々制限はあるというか、その治療をすると、1か月のうち1週間、その投薬し続けて、残りの3週間はなにもしない、で、また次の翌月1週間打ち続けるみたいな感じなんですけど、この3週間空いてるうちの最後の1週間ってめちゃめちゃ免疫が下がるんですよ。わざと下げてるんですけど。そういうときに例えばコロナにかかっちゃうと、とか、肺炎になっちゃうと、とか、白血病が理由じゃなくて死ぬことありますよ、みたいな感じなんで、そういうのちょっとビビッてますけど。

でも母も気持ちは元気なんで。ラウンジはもう閉めてたんですよ、コロナで。でも別にお金に苦労してないけど人と話したいからっていうことで、家の近くの老人ホームに朝と晩、配膳のバイト行ってて。それ今もやってるんですよ。やっぱ病は気からと思ってるから。

「テレビつけたらあんたがいるとか、雑誌で見れてるとか、すごい不思議やけどうれしいね」って言ってくれてます。

前にアンミカさんと出た『土曜はカラフル!!!』って番組も、母のこと紹介したんで、アンミカさんが「ええなーええなー親孝行やなー」みたいに言ってくださって。私が大好きなアンミカさんが私のことをほめてるのがすごいうれしかったみたいで。

テレビにこだわるのはそういうのもあります。

この本は母のお誕生日の1月28日に出したくて。

一応もう14か月は経ってるわけじゃないですか。だからまあ33か月、あと2年ぐらいっていうところで、余命的なことを考えたら、早く出すに越したことはないんですけど、母はそこまで図太く生き延びるだろうなっていう期待もこめて、次の誕生日迎えてほしいってのもあるから、願掛けですね。読んでほしいですね。

ドバイのアラビアン・ティー・ハウスにて。一緒に10か国ぐらい旅行したな〜。

この本を制作してた時期の、とある日の母と私の会話。

私　のんちゃん（私の本名ノリコのこと）とさ、旅行いっぱい行ったやん。どこが一番印象的？

母　あ〜、バルセロナやな。公園もあったり、サグラダファミリア行って。まずいパエリア食べに行って。

私　塩辛かったなあ。

母　塩辛いの食べに行って。ほんでちょっと海べり歩いたりしたの、そんな思い出が楽しかったかなあ。あとはドバイ楽しかったな。

私　なにが楽しかった？

母　ゴルフと、あの素敵なカフェ。

私　海のやつ？
母　いや、ちがう。アラビアンの、ほら。
私　アラビアン・ティー・ハウス？
母　そそそ。あそこの雰囲気めちゃくちゃよかった。
私　あそこみんな連れてったら絶対喜ぶねん。
母　ああそう。そやろな。まあでもあちこちホンマよう行ったね。

私　のんちゃんの好きなところ3つ言ってみて。
母　優しい。
私　どう優しい？
母　人を悪く言わない。
私　めっちゃ言うやん（笑）。嫌いなやつのこと、めっちゃ言うやん。
母　ほんで家族思い。
私　どういうときに思うん？
母　ママのこの間のこととか、それとか私のきょうだいのこととか大事にしてくれるし、家族だけじゃなくって、近しい親族に対してすごい色々

私　気ぃ遣ってくれるとこもあるし。
母　最後。
私　最後はね、おおらか。
母　そうか？　ホンマに？　ホンマに思ったこというてる？
私　おおらかやで。細かいこと言わん。
　私から見たお母さんの好きなところはね、
　愛情深いところ。
　ご飯おいしそうに食べるところ。
　みんなから愛されるところ。

私　今までで一番の思い出は？
母　そりゃもう産まれたときのことや。お母さんがあんたの指をしゃぶってた。

私　のんちゃん記憶ないもん。
母　それとバレエの発表会。初舞台。抱っこして出た。ママが抱っこして。
私　そうなん？

母　途中で泣いたからさ。
　　バレエ習わしたんは私はよかったと思う。本人も向いてたし。一家総出で発表会行ったやんか。パパも喜んだし。
私　うんうん。
私　のんちゃんのファンの人とかになんかメッセージない？
母　長い目で育てていってほしい。おもしろいCAのネタとか、上がってくるの遅いから、たまに上がってきたら「これを待ってたのよー！」って言う人多いけど、仕事の量も増えてきたっていうのもあるし、なかなか上げられんことあっても、長い目で育てていってあげてほしい。
　　力のある子やから。
私　なんかのんちゃんに聞きたいことありますか。
母　聞きたいこと？　う〜〜ん。別に（笑）。思い出したらLINEいれるわ。

CAになって母といろんなところへ旅行行けたこと、お笑い芸人になったこと、ブラック企業で働いたこともコロナになったことも、いいことも悪いことも、それぞれの点が全部つながって線になって今のクレイジーココに続いていて。いつも正しい選択とかベストな選択をしてきたっていうわけやないけど、後悔しないで思い通りに自分軸で生きてこれたのは、1回も私のやりたいことを否定しなかった母のおかげやと思います。感謝しかないです。

人生1回きりってみんな言うけど、ホンマにそうじゃないですか。あんまみなさん当事者意識ないよね、と思ってて。それは家庭があったりとか、仕事辞めれない環境だったりとか、色々あると思うんですけど、全然わがままに生きていいと思ってて。明日死ぬってなったら、ほんとにその道を選ぶのかっていう。きっとどの道を選んでも、絶対後悔はあるけど、でも、死ぬときに「私の人生最高だったな」と思えるように生きてほしいなって思います。

ちょっとでもこの本がそのサポートになったら、めっちゃ幸せです。

おわりに

Special thanks

最後まで読んでいただきありがとうございます。

「いつか本を出したい」。時期は決めてなかったけど、漠然と目標として設定していました。

口に出したことで、言霊が縁を連れて来てくれたと実感していると同時に、いつもたくさんの愛情を注ぎながら私のやりたい事を第一に優先してくれるお母さん、ほどよい距離感で支えてくれる家族や友人、どんな時も応援してくれるCOCO CREWの皆、ネタ動画を楽しみに待っててくれているフォロワーの皆さん、そして私に可能性を見出してスカウトしてくれた吉本のお陰なくしては実現することはなかったと思います。

本を出す。これは母が「お母さんね、本出したかったのよ。ジャーナリストに昔はなりたかったの」と昔言っていた事が脳裏に焼き付いていたから、自分の夢でもあり母の夢でもありました。

ジャーナリストとコメディアン、だいぶかけ離れているけど（笑）、２人の夢を実現させてくださり、本当にありがとうございます!! これからも、皆さんに愛と笑顔を届けていきますので、全力で生きていきましょう!!

皆、どぅわーいすき♡

CRAZY COCOさんのお母様は令和5年12月11日（月）午前2時26分、永眠されました。謹んでご冥福をお祈りいたします。（編集部より）

CRAZY COCO

1986年09月06日生まれ、O型。大阪府出身。

吉本興業所属の元外資系CA芸人。

新卒で入ったブラック企業の商社を辞め27歳でエミレーツ航空のCAに転身。その後サラリーマンとして複数の職を経験する。2021年にコロナで入院した時、「人生いつ何が起きるかわからへん! 後悔せんよう好きな事に挑戦したい!」と痛感し、脱サラしてお笑いの世界へ。その年の『女芸人No.1決定戦 THE W』に参戦し、アマチュアで準決勝に進出する。吉本興業にスカウトされ、所属。「東京CAと関西CAの違い」「外資系CA」「オツボネCA」など経歴を生かしたネタ動画がSNSやYouTubeで話題を呼び10～30代の女性を中心に支持を得る。●ラジオ番組『SCHOOL OF LOCK!』(TOKYO FM / JFN全国38局ネット)にレギュラー出演中。

Instagram: @crazycoco0906
X: @CRAZYCOCO2021
YouTube: CRAZYCOCOチャンネル
TikTok: @crazycoco0906

取材・文
雀乃メリー
撮影
野口 博（FLOWERS）
ヘアメイク
シゲヤマミク
編集
馬場麻子（吉本興業）
ブックデザイン
鈴木成一デザイン室
DTP
川口 紘（鈴木成一デザイン室）

営業
島津友彦（ワニブックス）
制作協力
蘭牟田豊彦、鈴木愛美（吉本興業）

元CA芸人
CRAZY COCOの
夢へのフライト直行便

2024年1月28日　初版発行

著者
CRAZY COCO

発行人
藤原 寛

編集人
新井 治

発行
ヨシモトブックス
〒160-0022 東京都新宿区新宿5-18-21
TEL 03-3209-8291

発売
株式会社ワニブックス
〒150-8482 東京都渋谷区恵比寿4-4-9 えびす大黒ビル
TEL 03-5449-2711

印刷・製本
シナノ書籍印刷株式会社

Printed in Japan　ISBN 978-4-8470-7354-0